KAWADE
夢文庫

関西の私鉄格差

新田浩之

河出書房新社

各社の独自性を比較すれば驚きの発見が次々と！●はじめに

関西の大手私鉄である近畿日本鉄道、南海電気鉄道、京阪電気鉄道、阪急電鉄、阪神電気鉄道の5社は、各社とも個性が強いといわれる。

関東の大手私鉄も十分に個性的だが、会社間の相互《そうご》直通運転がさかんなこともあり、その個性は近年薄まりつつあるように感じられる。関西大手私鉄では、関東ほど他社との相互直通運転が行なわれておらず、会社間で共通する要素が少ない。だからこそ、各社の独自性や強みが色濃《いろこ》く出るのだろう。

たとえば、車両のカラーリングだ。阪急は昔も今も基本的には「マルーン色」と呼ばれる茶色の電車。阪神は、同じ通勤電車でも普通系車両と急行系車両で塗装が異なる。近鉄はとくに特急列車の塗装がカラフルだ。最近はメタリック塗装を好んでいる。

南海は、かつては「緑色の電車」というイメージがあったが、1994（平成6）年の関西国際空港の開港を機にその姿を大きく変えた。そのシンボルが空港特急「ラピート」の青色の塗装だ。京阪も大きく変わったが、特急系は赤色と黄色、一般車両は緑色というパターンはいまも健在だ。

このように、関西では色で鉄道会社を明確に区分できる。これだけはっきりと個性がわかるのは、現代社会では珍しいのではないだろうか。

個性は、同じ条件で他者と比較することで初めて明確化され、新たな発見につながる。関西大手私鉄5社のダイヤ改正の狙いや「特急」や「急行」といった種別の付け方、キャッシュレス決済への対応、各社の成り立ちや未来へのビジョン……分析するほどに、5社それぞれの個性が明らかになってくる。

本書は、そんな新鮮な驚きに満ちあふれたトピックを集めた。ぜひ、5社の違いや新鮮な発見に驚きながら読《よ》み進めていただきたい。

読者の皆さんには、ふだん通勤・通学などで5社を毎日のように利用している方もいれば、「阪神にはよく乗るけれど、京阪はあまり乗ったことがない」という方もいるだろう。関西にお住まいでない方は、旅行などで関西を訪れた際にしか乗ったことがないという人も多いだろう。

どのような方も、5社それぞれの魅力を感じることができ、関西大手私鉄への見方が必ずや変わるはずだ。

新田浩之

路線名	区間	距離	駅数
天理線	平端～天理	4.5km	4駅
田原本線	新王寺～西田原本	10.1km	8駅
南大阪線	大阪阿部野橋～橿原神宮前	39.7km	28駅
吉野線	橿原神宮前～吉野	25.2km	16駅
道明寺線	道明寺～柏原	2.2km	3駅

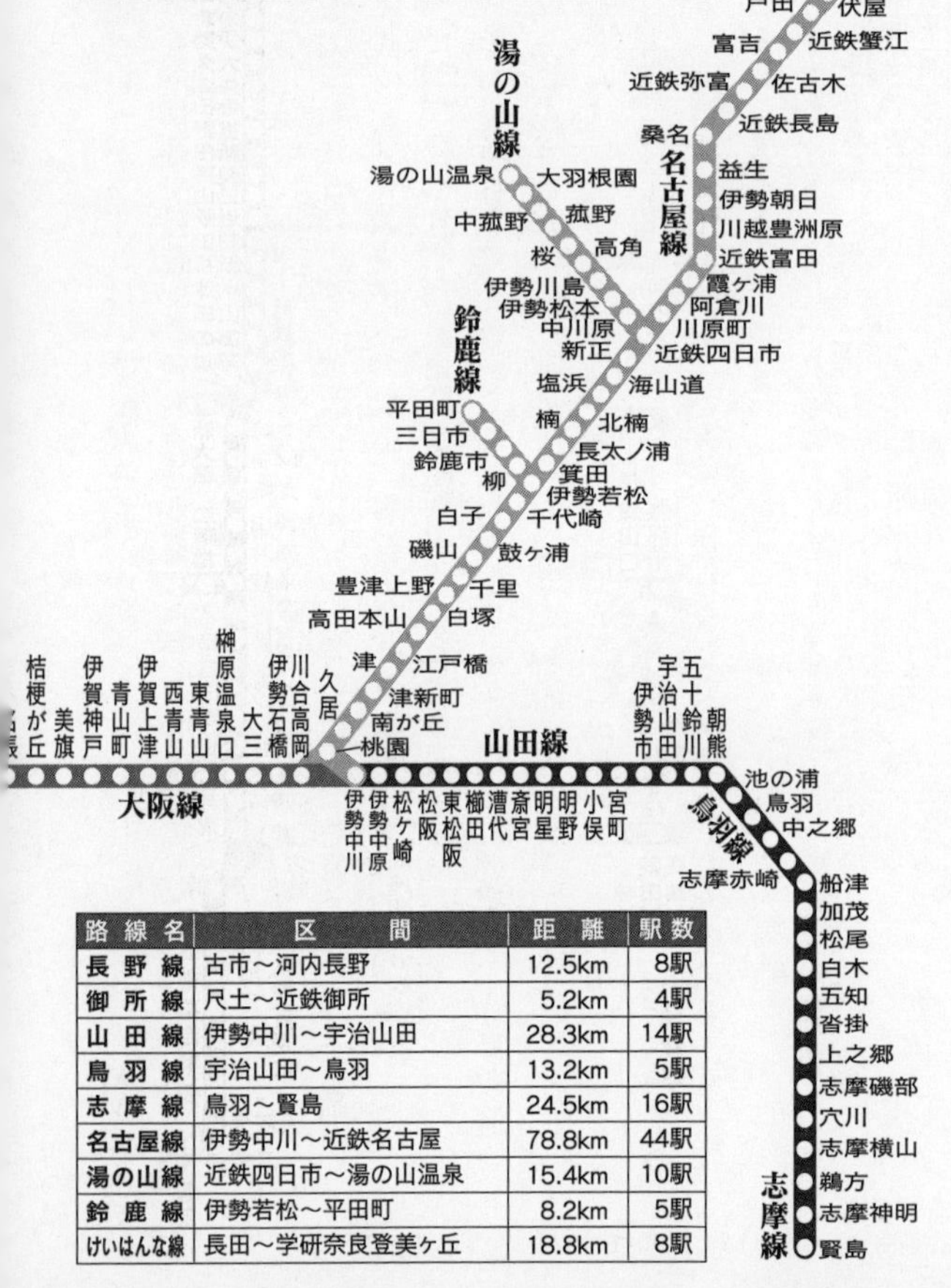

路線名	区間	距離	駅数
長野線	古市～河内長野	12.5km	8駅
御所線	尺土～近鉄御所	5.2km	4駅
山田線	伊勢中川～宇治山田	28.3km	14駅
鳥羽線	宇治山田～鳥羽	13.2km	5駅
志摩線	鳥羽～賢島	24.5km	16駅
名古屋線	伊勢中川～近鉄名古屋	78.8km	44駅
湯の山線	近鉄四日市～湯の山温泉	15.4km	10駅
鈴鹿線	伊勢若松～平田町	8.2km	5駅
けいはんな線	長田～学研奈良登美ヶ丘	18.8km	8駅

近畿日本鉄道路線図

■路線データ

路線名	区間	距離	駅数
難波線	大阪上本町～大阪難波	2.0km	3駅
奈良線	布施～近鉄奈良	26.7km	19駅
生駒線	王寺～生駒	12.4km	12駅
大阪線	大阪上本町～伊勢中川	107.6km	48駅
信貴線	河内山本～信貴山口	2.8km	3駅
京都線	京都～大和西大寺	34.6km	26駅
橿原線	大和西大寺～橿原神宮前	23.8km	17駅

※駅数は分岐駅を含む

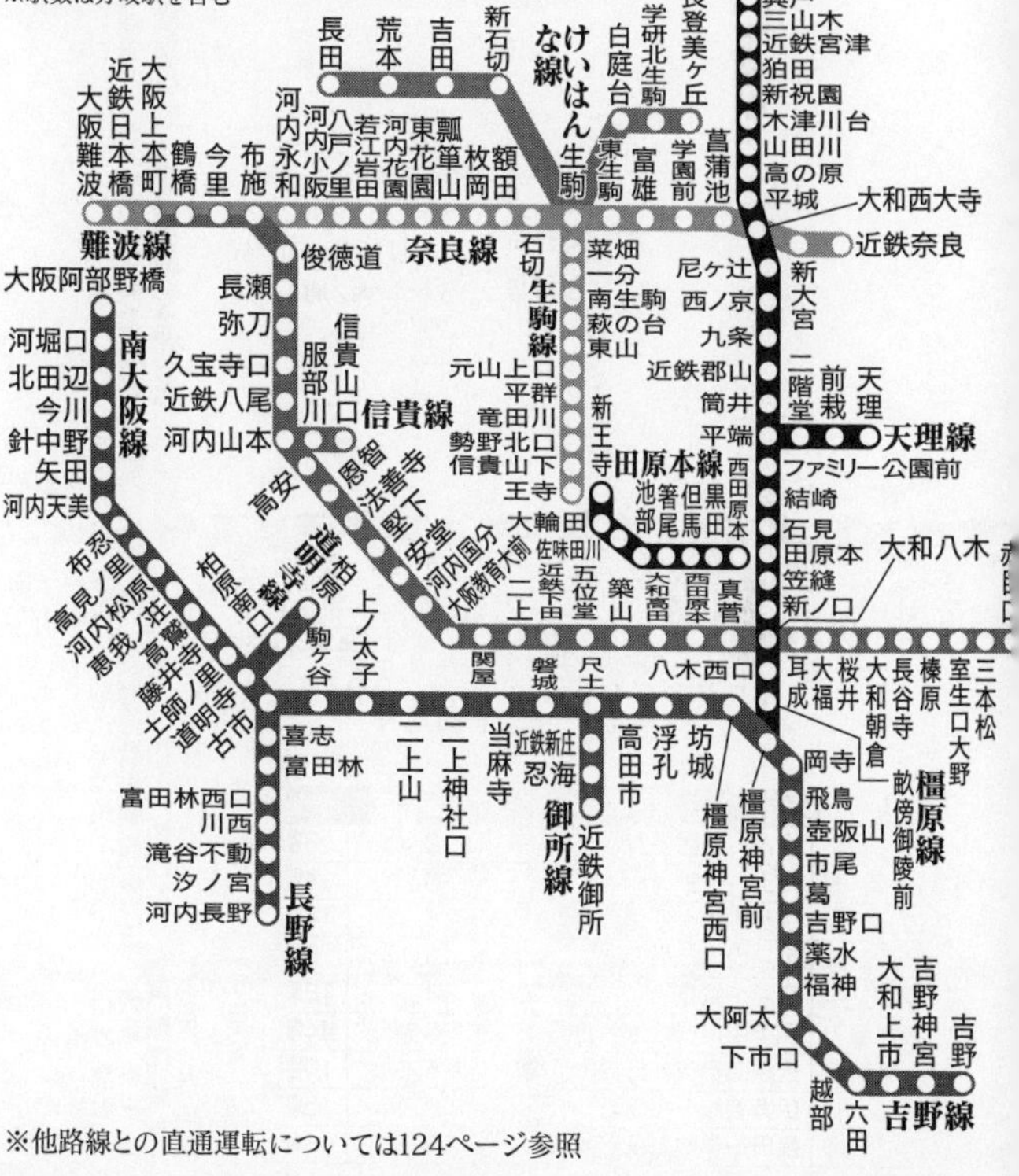

※他路線との直通運転については124ページ参照

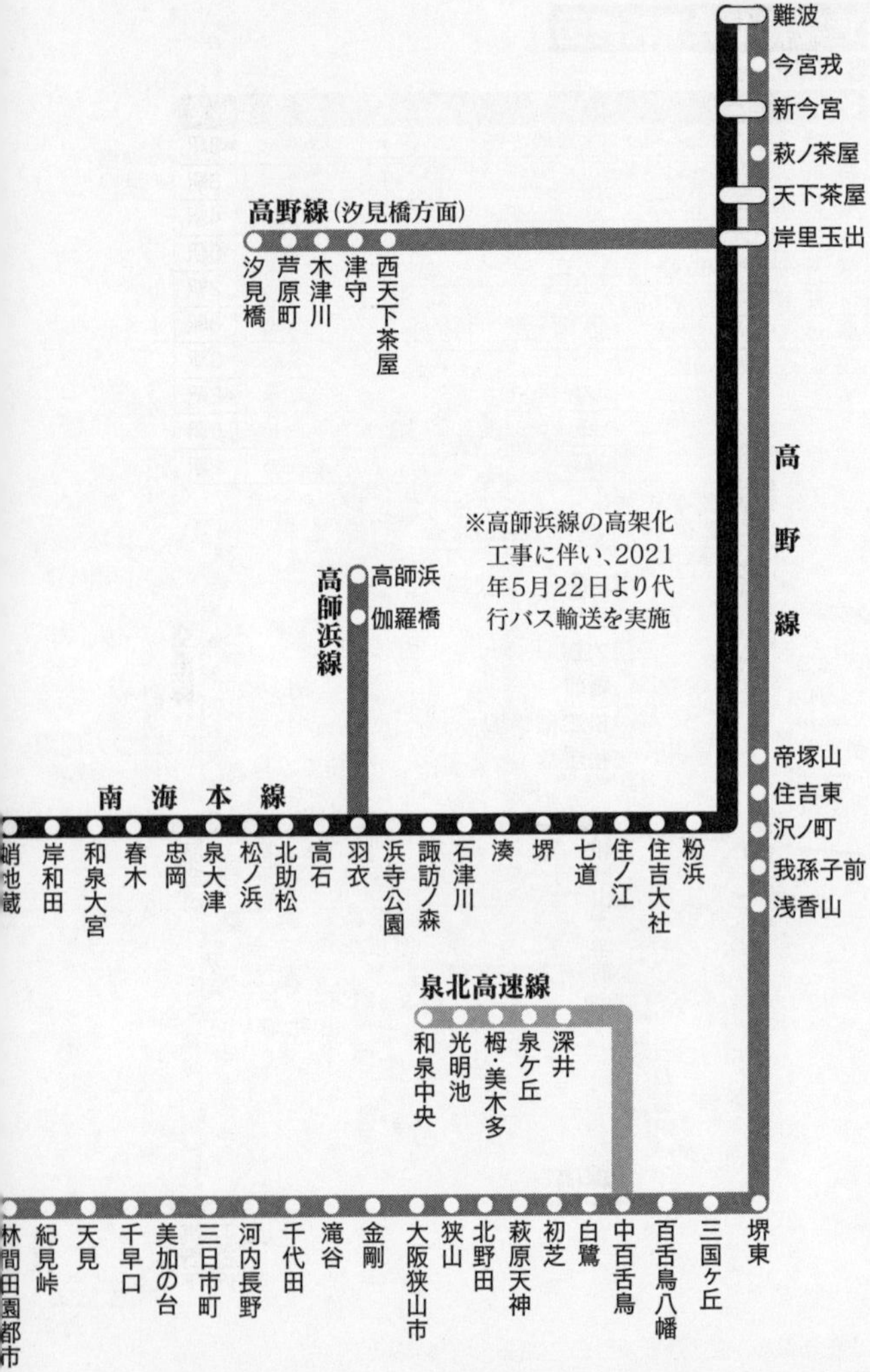
高野線
難波
今宮戎
新今宮
萩ノ茶屋
天下茶屋
岸里玉出
帝塚山
住吉東
沢ノ町
我孫子前
浅香山
堺東
高野線（汐見橋方面）
汐見橋
芦原町
木津川
津守
西天下茶屋
※高師浜線の高架化工事に伴い、2021年5月22日より代行バス輸送を実施
高師浜線
高師浜
伽羅橋
南海本線
粉浜
住吉大社
住ノ江
七道
堺
湊
石津川
諏訪ノ森
浜寺公園
羽衣
高石
北助松
松ノ浜
泉大津
忠岡
春木
和泉大宮
岸和田
蛸地蔵
泉北高速線
深井
泉ヶ丘
栂・美木多
光明池
和泉中央
三国ヶ丘
百舌鳥八幡
中百舌鳥
白鷺
初芝
萩原天神
北野田
狭山
大阪狭山市
金剛
滝谷
千代田
河内長野
三日市町
美加の台
千早口
天見
紀見峠
林間田園都市

南海電気鉄道路線図

■路線データ

路線名		区間	距離	駅数
南海線	南海本線	難波～和歌山市	64.2km	43駅
	高師浜線	羽衣～高師浜	1.4km	3駅
	多奈川線	みさき公園～多奈川	2.6km	4駅
	加太線	紀ノ川～加太	9.6km	8駅
	和歌山港線	和歌山市～和歌山港	2.8km	2駅
泉北高速線		中百舌鳥～和泉中央	14.3km	6駅
空港線		泉佐野～関西空港	8.8km	3駅
高野線	高野線	汐見橋～極楽橋	64.5km	42駅
	高野線（汐見橋方面）	上記のうち、汐見橋～岸里玉出	4.6km	6駅
	鋼索線	極楽橋～高野山	0.8km	2駅

※駅数は分岐駅を含む

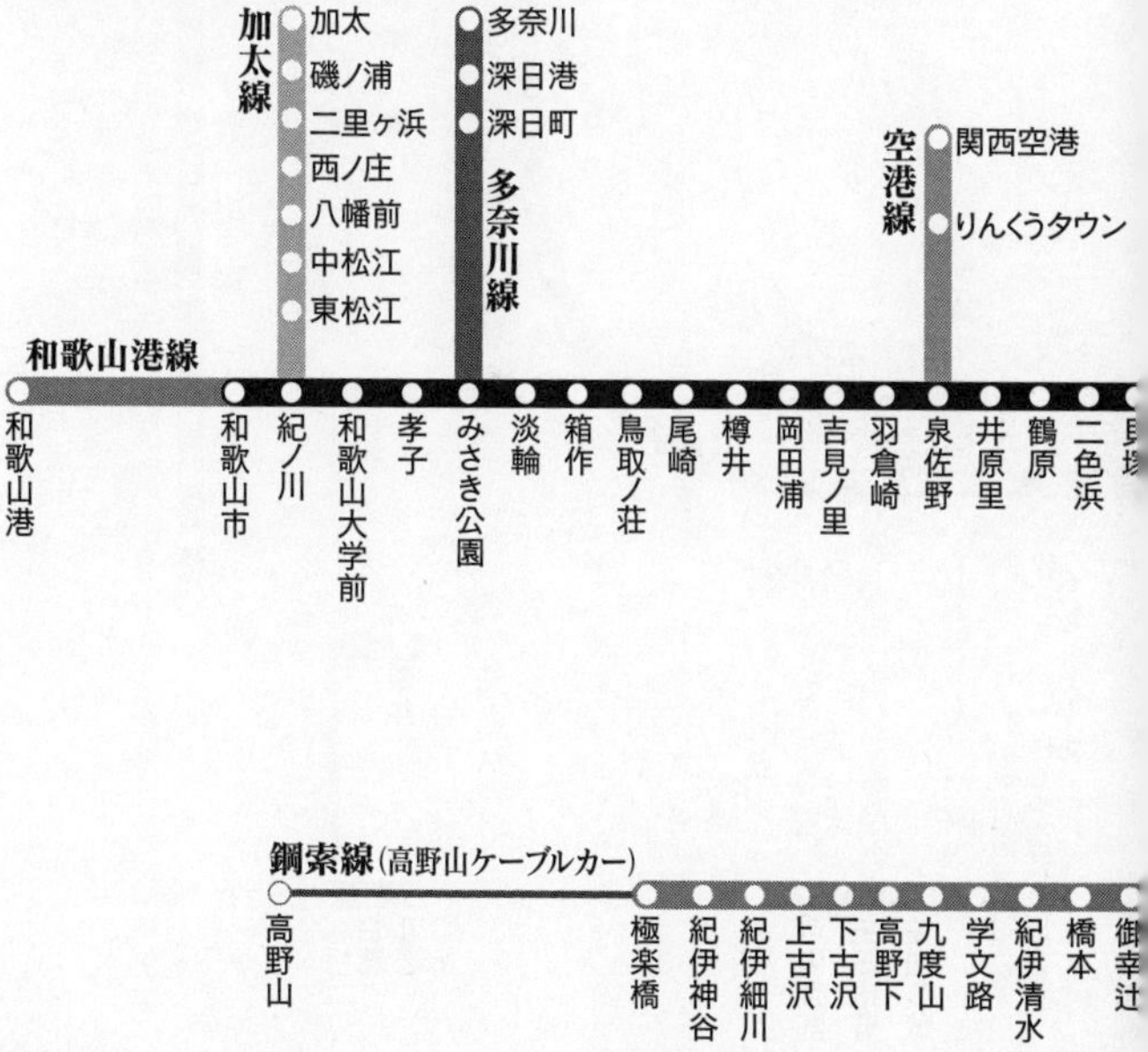

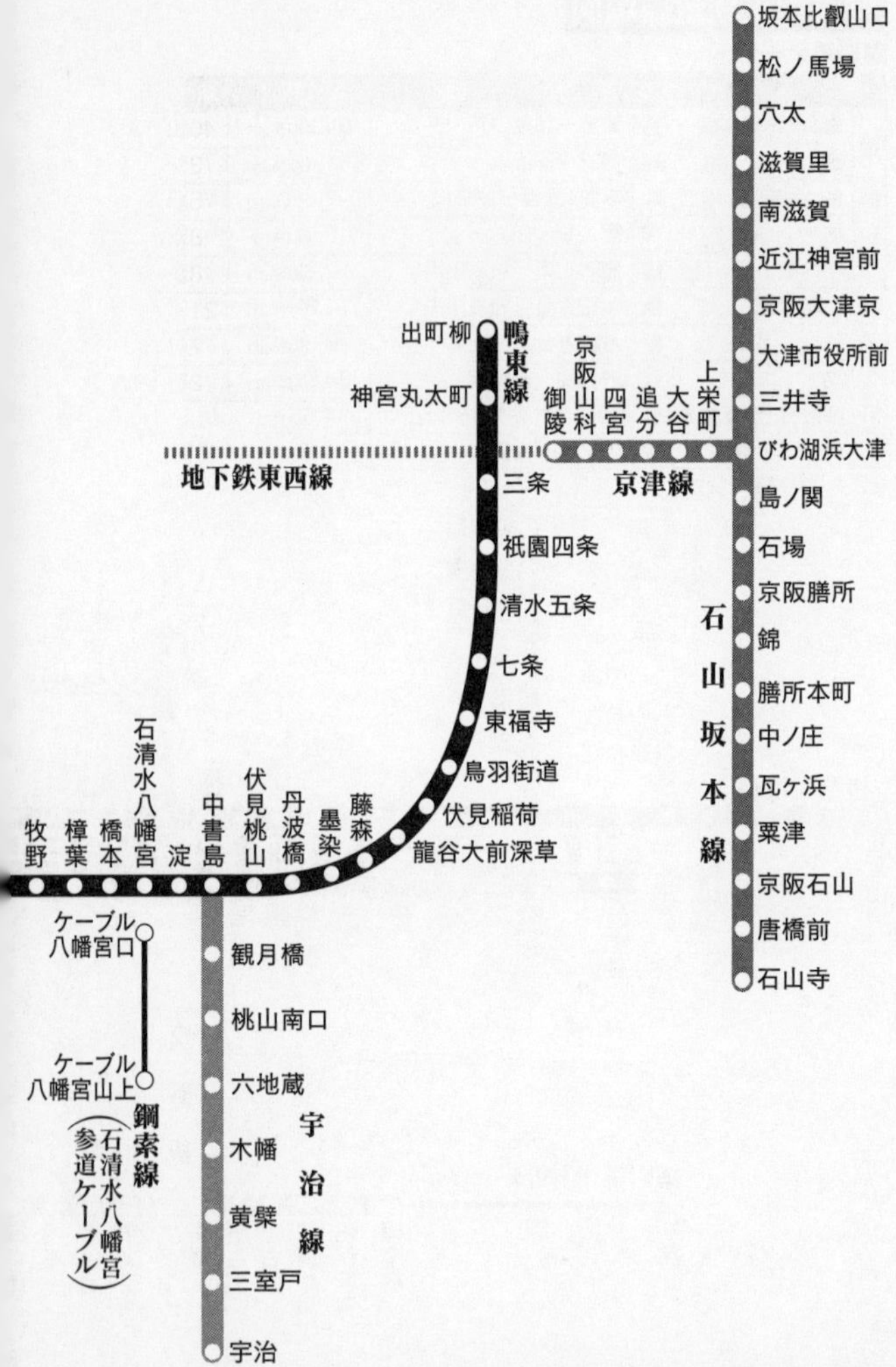

坂本比叡山口
松ノ馬場
穴太
滋賀里
南滋賀
近江神宮前
京阪大津京
大津市役所前
三井寺
びわ湖浜大津
島ノ関
石場
京阪膳所
錦
膳所本町
中ノ庄
瓦ヶ浜
粟津
京阪石山
唐橋前
石山寺
石山坂本線
出町柳
神宮丸太町
鴨東線
京阪山科
御陵
四宮
追分
大谷
上栄町
京津線
地下鉄東西線
三条
祇園四条
清水五条
七条
東福寺
鳥羽街道
伏見稲荷
龍谷大前深草
藤森
墨染
丹波橋
伏見桃山
中書島
淀
石清水八幡宮
橋本
樟葉
牧野
ケーブル八幡宮口
ケーブル八幡宮山上
鋼索線
（石清水八幡宮参道ケーブル）
観月橋
桃山南口
六地蔵
木幡
黄檗
三室戸
宇治
宇治線

京阪電気鉄道路線図

■路線データ

路線名		区間	距離	駅数
京阪線	京阪本線	淀屋橋～三条	49.3km	40駅
	鴨東線	三条～出町柳	2.3km	3駅
	中之島線	中之島～天満橋	3.0km	5駅
	交野線	枚方市～私市	6.9km	8駅
	宇治線	中書島～宇治	7.6km	8駅
大津線	石山坂本線	石山寺～坂本比叡山口	14.1km	21駅
	京津線	御陵～びわ湖浜大津	7.5km	7駅
鋼索線		ケーブル八幡宮口～ケーブル八幡宮山上	0.4km	2駅

※駅数は分岐駅を含む

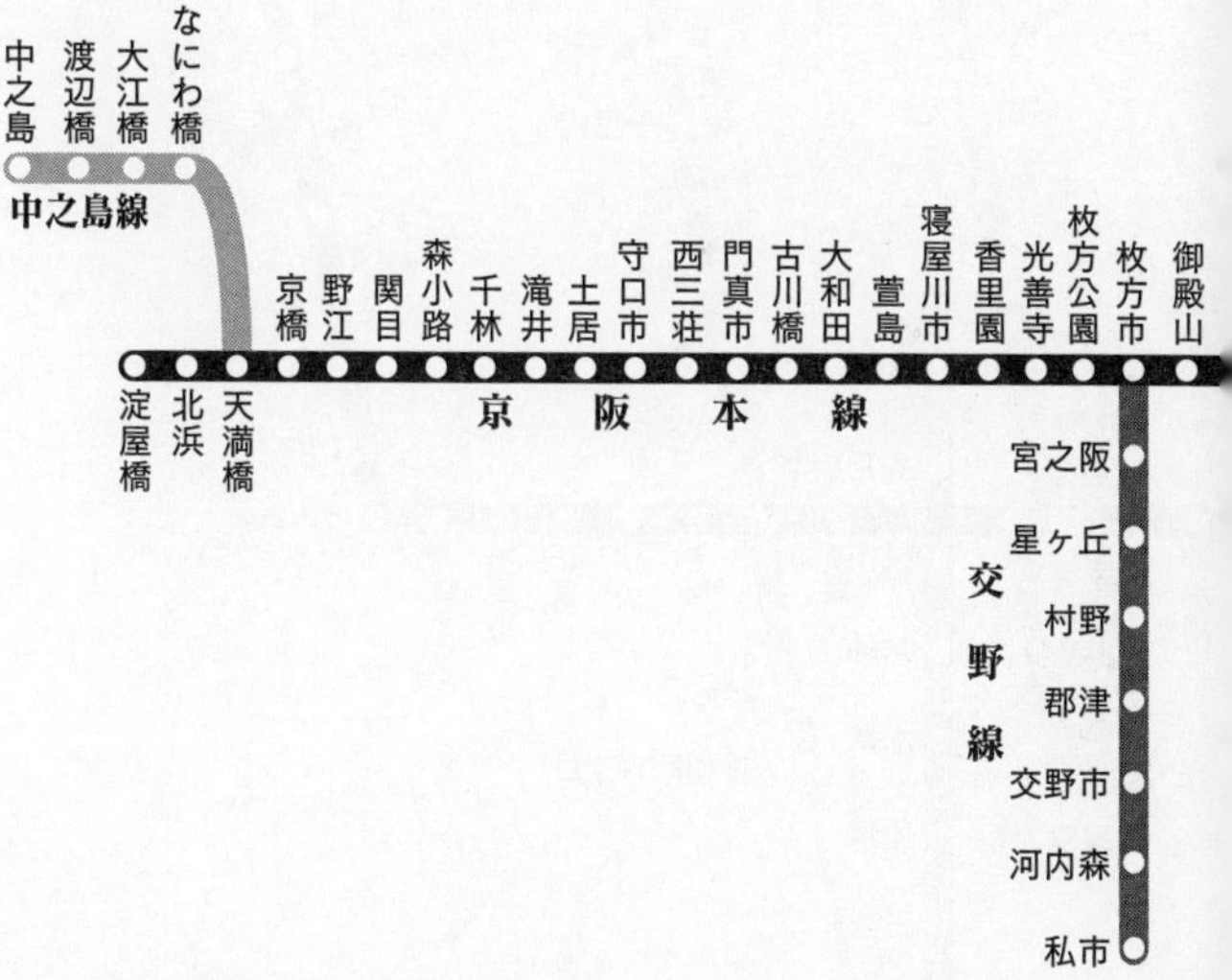

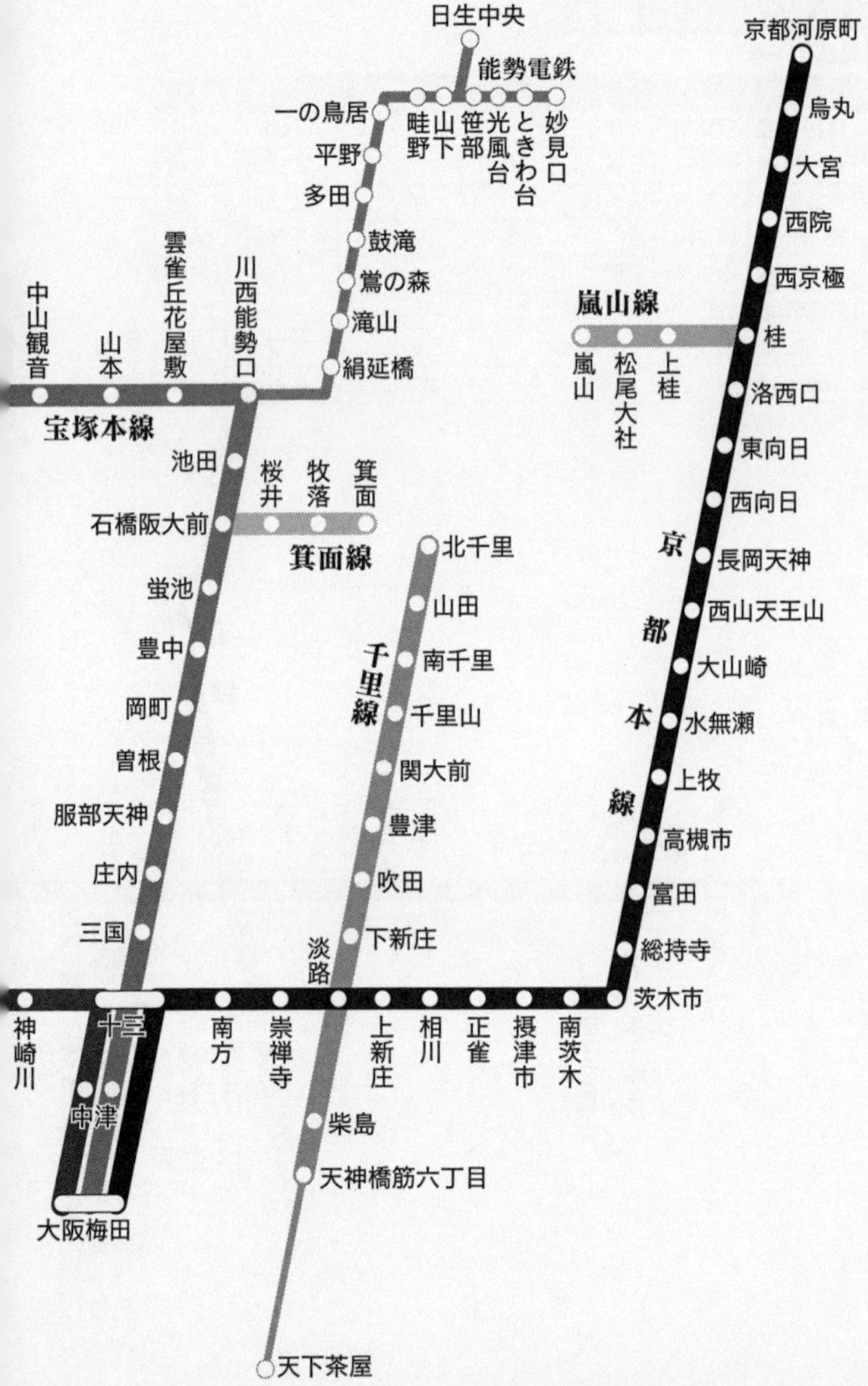

日生中央
能勢電鉄
一の鳥居
畦野
山下
笹部
光風台
ときわ台
妙見口
平野
多田
鼓滝
鶯の森
滝山
絹延橋
川西能勢口
雲雀丘花屋敷
山本
中山観音
宝塚本線
池田
桜井
牧落
箕面
石橋阪大前
箕面線
蛍池
豊中
岡町
曽根
服部天神
庄内
三国
十三
中津
大阪梅田
神崎川
南方
崇禅寺
淡路
上新庄
相川
正雀
摂津市
南茨木
茨木市
北千里
山田
南千里
千里線
千里山
関大前
豊津
吹田
下新庄
柴島
天神橋筋六丁目
天下茶屋
京都河原町
烏丸
大宮
西院
西京極
嵐山線
嵐山
松尾大社
上桂
桂
洛西口
東向日
西向日
京都本線
長岡天神
西山天王山
大山崎
水無瀬
上牧
高槻市
富田
総持寺

阪急電鉄路線図

■路線データ

路線名		区間	距離	駅数
神戸線	神戸本線	大阪梅田～神戸三宮	32.3km	16駅
	神戸高速線	神戸三宮～新開地	2.8km	4駅
	今津線	宝塚～今津	9.3km	10駅
	伊丹線	塚口～伊丹	3.1km	4駅
	甲陽線	夙川～甲陽園	2.2km	3駅
宝塚線	宝塚本線	大阪梅田～宝塚	24.5km	19駅
	箕面線	石橋阪大前～箕面	4.0km	4駅
京都線	京都本線	大阪梅田～京都河原町	47.7km	28駅
	千里線	天神橋筋六丁目～北千里	13.6km	11駅
	嵐山線	桂～嵐山	4.1km	4駅

※駅数は分岐駅を含む

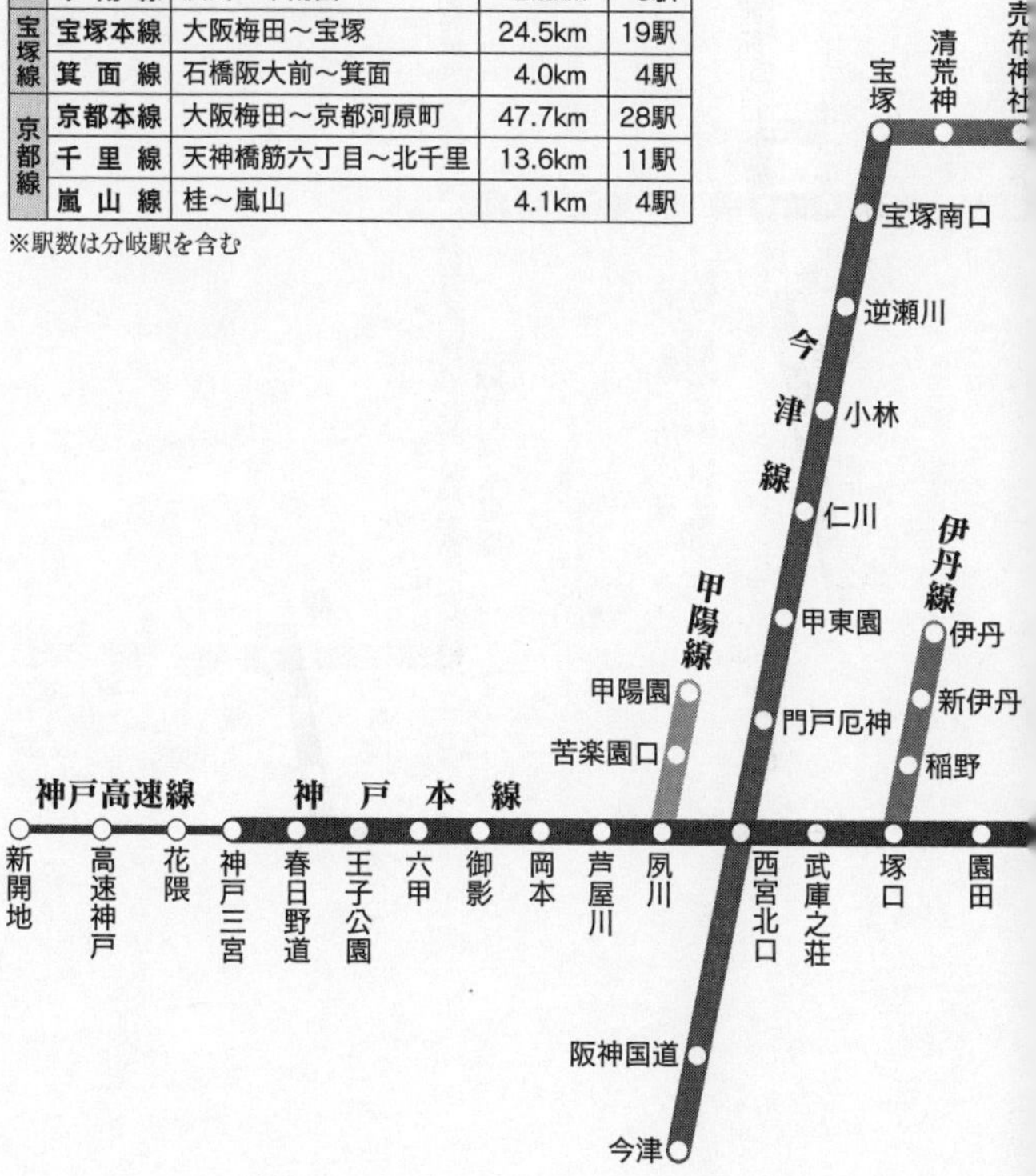

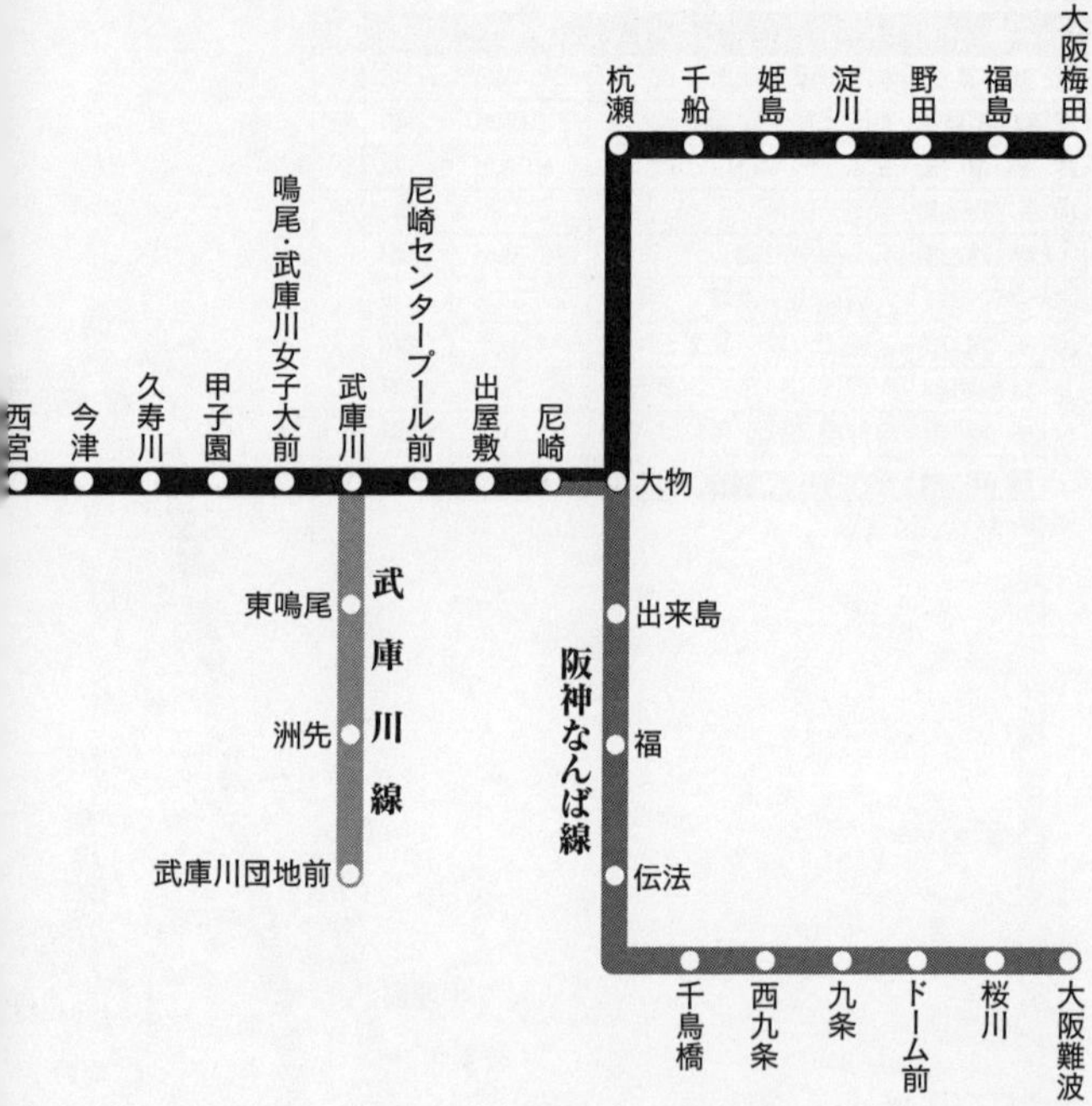
大阪梅田
福島
野田
淀川
姫島
千船
杭瀬
大物
尼崎
出屋敷
尼崎センタープール前
武庫川
鳴尾・武庫川女子大前
甲子園
久寿川
今津
西宮
武庫川線
東鳴尾
洲先
武庫川団地前
阪神なんば線
出来島
福
伝法
千鳥橋
西九条
九条
ドーム前
桜川
大阪難波

阪神電気鉄道路線図

■路線データ

路線名	区間	距離	駅数
阪神本線	大阪梅田～元町	32.1km	33駅
阪神なんば線	尼崎～大阪難波	10.1km	11駅
武庫川線	武庫川～武庫川団地前	1.7km	4駅
神戸高速線	元町～西代	5.0km	7駅

※駅数は分岐駅を含む

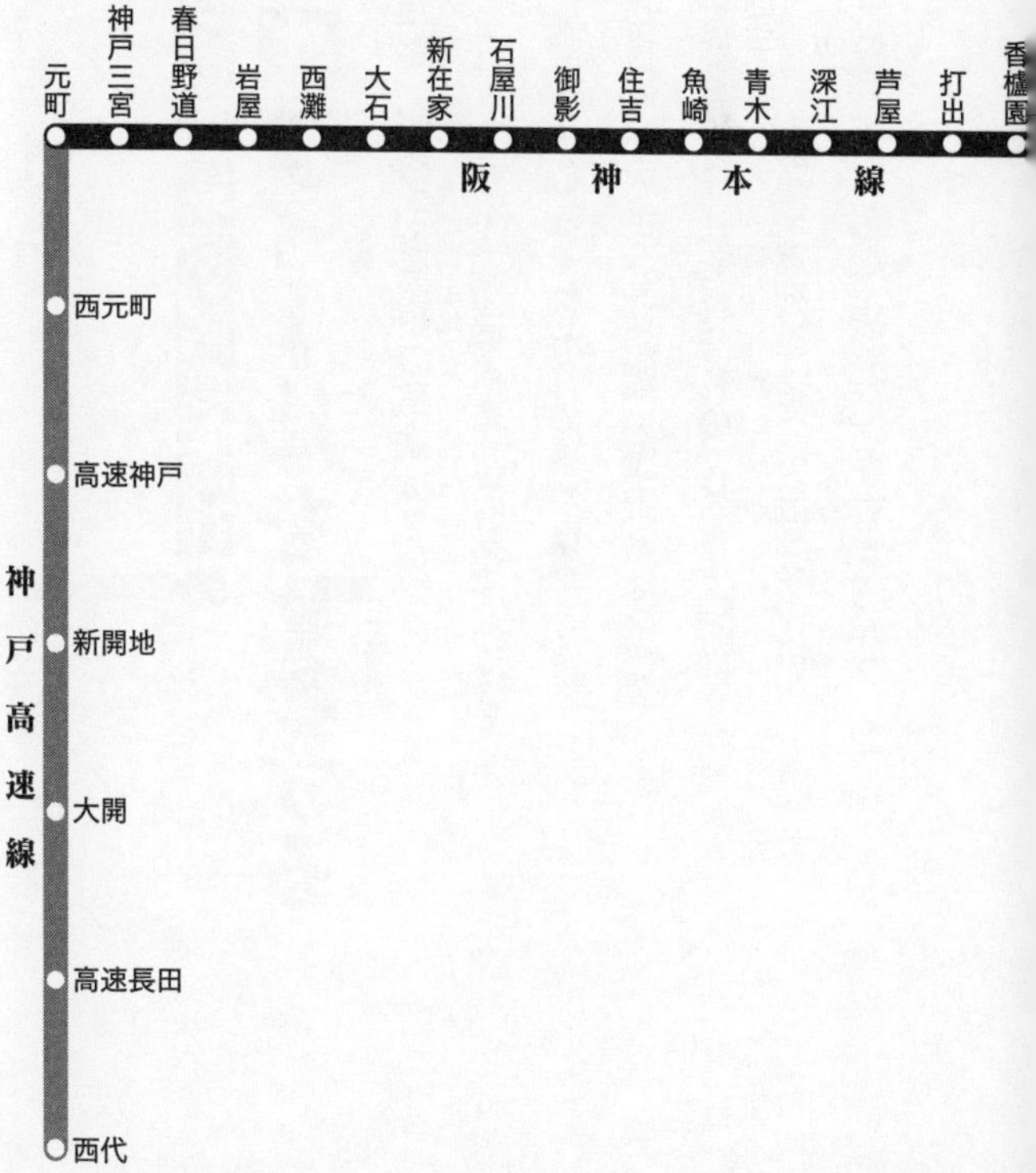

関西の私鉄格差●もくじ

格差1 近鉄 南海 京阪 阪急 阪神のプロフィールを比較する

「路線距離」が最長&最短の私鉄は？ 22
朝ラッシュ1時間の「輸送人員」が最多なのは？ 26
「運賃」値上げ、各社それぞれの事情は？ 30
「誕生と合併」、大手5社の濃い歴史とは？ 33
狭軌と標準軌、5社それぞれの「レール幅」は？ 38
関西で唯一「座席指定列車」を走らせるのは？ 41
各社は沿線に、どんな「観光地」を有するか？ 45

格差2 近鉄 南海 京阪 阪急 阪神の運行ダイヤを比較する

コロナ禍で減便と増便。各社の「ダイヤ改正」は？ 52
朝ラッシュ時でも「表定速度」が高い私鉄は？ 55
ターミナル駅発の各社の「終電時刻」は？ 58
平日と土休日で「停車駅」が異なる私鉄は？ 62
「ノンストップ特急」が次々に消えたワケは？ 64
「レアな種別」をいろいろ運行する私鉄は？ 69
「臨時特急・臨時急行」が得意な私鉄は？ 73
支線の「ワンマン運転」、各社の導入・拡大は？ 77
学生・生徒の「通学」を気づかう私鉄は？ 80

格差3 近鉄 南海 京阪 阪急 阪神の車両を比較する

「快適」な通勤電車を走らせる私鉄は？ 84
「最速」で疾走する自慢の特急車両は？ 89
車両の「カラーリング」、各社のこだわりは？ 93
ひときわ目立つ「ラッピング車両」は？ 98
出会えたらラッキーな「レア車両」は？ 101
「観光列車」をたくさん走らせる私鉄は？ 105
「アイディア」光る車両が自慢の私鉄は？ 110
各社の車両たちの「第二の人生」とは？ 113
栄光の歴史を刻んだ各社の「名車両」は？ 117

格差4 近鉄 南海 京阪 阪急 阪神の路線を比較する

他社路線との「直通運転」が活発な私鉄は？ 124
「JRとの競合」、各社どんな強化を図っている？ 129
関西で最長の「複々線」区間をもつ私鉄は？ 134
「種別」が、わずか3種類しかない幹線は？ 139
各社の「地味だけど重要」な準幹線は？ 142
「架線もパンタグラフもない電車」が走る路線は？ 146
4両編成の電車が「道路を走る」路線は？ 150
「正式線名」が知られていない路線とは？ 154
「廃線」が危惧される赤字ローカル路線は？ 158

格差5 近鉄 南海 京阪 阪急 阪神 の駅を比較する

5社別「乗降人員」が多い駅・少ない駅は？ 162
各社の「ターミナル駅」、注目すべき点は？ 167
「サブターミナル駅」の賢い利用術とは？ 172
あの「駅名」は、どんな理由で改称された？ 177
読めそうで正しく読めない「難読駅名」は？ 181
駅名に「〇〇大学前」が多い私鉄はどこ？ 184

格差6 近鉄 南海 京阪 阪急 阪神のサービスを比較する

ホームに流れる「自動放送」、各社の工夫は？ 190
「キャッシュレス」決済が進んでいる私鉄は？ 193
各社の「お得きっぷ」、使い勝手はどうか？ 196
京成との「コラボきっぷ」を発売しているのは？ 200
「アテンドサービス」が充実している私鉄は？ 202

格差7 近鉄 南海 京阪 阪急 阪神の経営戦略を比較する

注目される「延伸計画」や「新路線」は？ 206
個性豊かな「鉄道子会社」の実態は？ 209
「テーマパーク」が頑張っている私鉄は？ 214
各社の「ホテル事業」の新しい試みとは？ 217
関西私鉄と「プロ野球」の今昔とは？ 219

カバー・本文写真●PIXTA
●フォトライブラリー
本文写真●新田浩之
図版作成●AKIBA
●新井トレス研究所

格差1

近鉄 南海 京阪 阪急 阪神の プロフィールを比較する

「路線距離」が最長&最短の私鉄は？

関西大手私鉄のみならず、JR各社を除いて全国でもっとも長い路線距離を誇るのは**近鉄**である。2022（令和4）年9月現在、旅客営業キロ数は501・1キロメートル、駅数は286駅にもなる。

路線は大阪・京都・奈良・愛知・三重の2府3県に及ぶ。阪神、大阪メトロ、京都市営地下鉄と相互直通運転を実施しており、2009（平成21）年からは兵庫県にも乗り入れるようになった。

これだけの広大な路線網を支えているのが近鉄特急だ。その運行区間は大阪難波《なんば》～近鉄名古屋（名阪《めいはん》）、大阪～伊勢志摩《いせしま》（阪伊《はんい》）、京都～伊勢志摩（京伊《けいい》）、京都～近鉄奈良（京奈《けいな》）、近鉄名古屋～伊勢志摩（名伊《めいい》）、京都～橿原神宮前《かしはら》（京橿《けいかし》）、大阪難波～近鉄奈良（阪奈《はんな》）、大阪阿部野橋《あべのばし》～吉野（吉野）と広範囲に及ぶ。

さらに、2022年4月からは観光特急「あをによし」の誕生により、大阪難波～近鉄奈良～京都間にも特急が走るようになった。

当然ながら、特急の走行距離もなかなかのものだ。難波線・大阪線・名古屋線を走る名阪特急（大阪難波～近鉄名古屋）の走行距離は189・7キロであり、所要時間は速達タイプ「ひのとり」で約2時間だ。

これだけの長距離なので、近鉄が運行する特急には停車駅が少ないタイプと停車駅が多いタイプの2種類がある。昔から社内や近鉄ファンのあいだでは前者を「甲《こう》特急」、後者を「乙《おつ》特急」と呼んでいる。名阪甲特急は、2020（令和2）年3月

●路線延長ランキング●

順位	会社名	旅客営業キロ(km)	駅数
1	近畿日本鉄道	501.1	286
2	南海電鉄	153.5	98
3	阪急電鉄	143.6	90
4	京阪電鉄	91.1	89
5	阪神電鉄	48.9	51

*2022年3月現在。日本民営鉄道協会データより

デビューの「ひのとり」、名阪乙特急は「アーバンライナー」シリーズがおもに担当する。

気になる停車駅だが、名阪甲特急は大阪難波、大阪上本町《うえほんまち》、鶴橋《つるはし》、大和八木《やまとやぎ》（一部停車）、津、近鉄名古屋に停まる。2012（平成24）年3月までは鶴橋～近鉄名古屋間は途中停車駅のない列車もあり、この列車は「ノンストップ特急」と呼ばれていた。

いっぽう、名阪乙特急は甲特急の停車駅に加え、名張《なばり》、白子《しろこ》、近鉄四日市、桑名《くわな》などに停まる。甲特急が名阪直通客を強く意識しているのに対し、乙特急は大阪・名古屋～三重県間の利用客に重きを置い

ている。

同じく大阪線を走る大阪～伊勢志摩間の阪伊特急も、甲特急と乙特急がある。阪伊特急の走行距離は、もっとも長い列車で大阪難波～賢島《かしこじま》間176・9キロ。乙特急が圧倒的に多い。

鶴橋～伊勢中川間の途中停車駅は大和高田《たかだ》、大和八木、榛原《はいばら》、名張、伊賀神戸《いがかんべ》、榊原《さかきばら》温泉口を基本とし、ラッシュ時には布施《ふせ》や桔梗《ききょう》が丘《おか》にも停まる。阪伊特急は大阪～伊勢直通客だけでなく、大阪～奈良・三重県東部間の通勤・通学輸送も意識している。

名阪特急・阪伊特急が走る大阪線の営業キロは100キロを超える。特急列車にもそれぞれ役割分担があるのは、じつ

名阪甲特急で活躍する近鉄80000系「ひのとり」

に興味深い。

営業キロ2位以下も見ていこう。2位は**南海**の153・5キロだ。全国の大手私鉄のなかでは6位にランクインする。

南海は、南海本線と高野《こうや》線という2つの長距離路線から成り立っている。両路線とも有料特急列車の設定はあるが、運行面や車両面での共通点は多くない。

たとえば、南海本線を代表する特急「サザン」は特別車両を用いる指定席車両と通勤電車の自由席車両の計8両編成で運行されている。いっぽう、高野線ではすべての特急列車が全車座席指定車だ。

また、1985（昭和60）年まで、南海本線では鉄鋼製の車両しか存在しなかった。高野線は平坦区間ではステンレス車両が主流であり、南海本線とは厳格に区別されていたのである。

これらは、路線環境の違いに起因《きいん》していたが、さすがに南海本線でもステンレス車両が導入されるようになった。南海は2031年に「なにわ筋線」が開業するため、営業キロは延びるが、それでも近鉄には遠く及ばない。

5社のなかで、もっとも旅客営業キロ数が短いのは**阪神**だ。その営業キロは48・9キロ（神戸高速線：元町《もとまち》～西代《にしだい》間を含む）、全国の大手私鉄のなかでは相模《さがみ》鉄道に次いで短い。しかし、山陽《さんよう》電鉄や近鉄と相互直通運転を実施していることから、乗り入れ先を含めた走行距離は意外と長い。大阪梅田と山陽姫路を結ぶ直通特急の走行距離は91・8キロにも及び、南海本線や高野線よりも長い。そのため、ロングシートからクロスシートに改造した車両もある。営業キロが短いからといって侮《あなど》ってはいけないのだ。

最後に付け加えたい点は、関西大手私鉄は関西2府4県すべてに乗り入れているということだ。当たり前に思えるかもしれないが、関東の大手私鉄は茨城県には乗り入れていない。関西大手私鉄を使って、知られざる関西の地をのんびり訪れる旅も面白いのではないだろうか。

朝ラッシュ1時間の「輸送人員」が最多なのは？

関西大手私鉄のなかで、朝ラッシュ時に駅や車内がもっとも混雑している路線はどこだろうか。ここでは、国土交通省が毎年発表している、最混雑区間における朝ラッシュ1時間あたりの「輸送人員」を参考にしたい。

2021(令和3)年度において、もっとも輸送人員が多い区間は**阪急**神戸本線の

●朝ラッシュ1時間あたりの輸送人員一覧●

路線名	区　間	輸送人員(人)
阪急神戸本線	神崎川→十三	30,488
京阪本線	野江→京橋	29,919
阪急宝塚本線	三国→十三	27,475
近鉄奈良線	河内永和→布施	27,020
阪急京都本線	上新庄→淡路	24,950
南海高野線	百舌鳥八幡→三国ヶ丘	22,925
近鉄大阪線	俊徳道→布施	22,260
近鉄南大阪線	北田辺→河堀口	20,250
近鉄京都線	向島→桃山御陵前	15,250
南海本線	粉浜→岸里玉出	17,833

*2021年度。国土交通省資料「三大都市圏の主要区間の混雑率」より

神崎川《かんざきがわ》→十三《じゅうそう》で、3万488人だった。

この輸送人員は関東大手私鉄だと東武鉄道東上線の北池袋→池袋に肉薄《にくはく》する。

阪急は神戸本線以外だと、宝塚本線の三国《みくに》→十三が2万7475人、京都本線上新庄《かみしんじょう》→淡路《あわじ》が2万4950人。両線とも3万人を切る。

阪急は、2022（令和4）年12月17日のダイヤ改正で宝塚本線、京都本線の10両編成での運行を取りやめるが、朝ラッシュ時の輸送人員を見れば、神戸本線のみ存続するのも納得がいく。

京阪で輸送人員がもっとも多い区間は、京阪本線の野江《のえ》→京橋《きょうばし》で、輸送人員は2万9919人だ。京都～大阪間で淀川《よどがわ》左岸を走るのは京阪本線しかないという

現実が輸送人員にも表れている。

また、1位の阪急神戸本線と異なり、路線距離が長いのも特徴だ（49・3キロ）。そのため、京阪は朝ラッシュ時の混雑と闘い続けており、これまでにも複々線区間や5扉車など他社にはないアイディアを出してきた。

近鉄でもっとも輸送人員が多い路線は近鉄奈良線である。最混雑区間は河内永和《かわちえいわ》→布施で、輸送人員は2万7020人だ。2位の大阪線俊徳道《しゅんとくみち》→布施の輸送人員が2万2260人だから、近鉄の路線のなかでは圧倒的といっていいだろう。

近鉄で興味深いのは奈良線のバイパス路線として開業した、けいはんな線の輸送人員が少ないことだ。同線の最混雑区間は荒本《あらもと》→長田《ながた》で、輸送人員は1万人を切る9870人にとどまっている。

けいはんな線は大阪メトロ中央線と相互直通運転を行なっているため、奈良線より通勤・通学定期券が割高になる。また、多少改善されたとはいえ、生駒《いこま》～大阪市内間の所要時間において、けいはんな線が格段に便利になるということでもない。

南海は、南海本線よりも高野線のほうが輸送人員が多い。高野線の百舌鳥八幡《もずはちまん》→三国ケ丘《みくにがおか》が2万2925人なのに対し、南海本線粉浜《こはま》→岸里玉出《きしのさとたまで》は1万7833人だ。これは、南海本線がJR阪和《はんわ》線と競合関係にあるのに対し、高野線は並走するライバル路線が存在しないことが大きい。また、林間田園都市をはじめとする宅地開発や泉北《せんぼく》高速鉄道との相互直通運転の影響も考えられる。

ところで、なぜ高野線の最混雑区間は難波駅手前ではなく、急行通過駅の三国ヶ丘駅手前なのだろうか。

じつは、三国ヶ丘駅はＪＲ阪和線と相互乗り換えができる。２０１９年度の三国ヶ丘駅定期券利用者数を見ると、ＪＲ線との乗り換え客が同駅の乗降客を上回る。

なお、南海の三国ヶ丘駅には普通・準急しか停車しないが、ＪＲ阪和線の三国ケ丘駅は関空・紀州路快速が停車する。南海側としては「ＪＲ線に乗り換えず、新今《しんいま》宮《みや》・難波までそのまま乗ってほしい」というのが本音だろう。

阪神は、阪神本線出屋敷《でやしき》↓尼崎《あまがさき》が最混雑区間となるが、輸送人員は1万４４３０人だ。阪神本線は大阪〜神戸間を走るＪＲ西日本の神戸線、阪急神戸本線のなかでもっとも海側を走るが、阪神本線のルートの南側は工場地帯が主体だ。そのため、沿線に住宅地が多い阪急神戸本線よりも少ない輸送人員となっている。

また、尼崎駅からは阪神なんば線が分岐《ぶんき》し、大阪梅田、大阪難波へと通勤客が分散するのも特徴だ。参考までに、阪神なんば線千鳥橋《ちどりばし》↓西九条《にしくじょう》の輸送人員は６１５５人である。

朝ラッシュ時の輸送人員を中心に見てきたが、コロナ禍の影響により、どの路線も軒並《のきな》み減少している。とくに朝ラッシュ時はコロナ禍前に完全に戻ることは難しく、各社とも朝ラッシュ時のダイヤ改正や車両数の変更を行なっている。今後もその流れは加速することだろう。

「運賃」値上げ、各社それぞれの事情は？

新型コロナウイルス感染症により、鉄道業界も大ダメージを受けた。前項でも述べたように、すでに各社とも、コロナ禍前の需要は完全には戻らないという姿勢で新たな方針を打ち出している。

そのなかで、利用者として気になるのが普通運賃の動向だ。２０２２（令和４）年になり、関西大手私鉄でも普通運賃値上げの声が聞こえるようになってきた。

５社のなかで、普通運賃値上げでもっとも話題になったのは**近鉄**である。近鉄は２０２２年４月に国土交通大臣に対して運賃の改定申請を行ない、９月に認可された。運賃改定は２０２３（令和５）年４月１日からで、値上げ率は平均17パーセントになり、全区間にわたって運賃が値上がりすることになった。

初乗り（1～3キロ）運賃は160円から20円アップの180円に。大阪難波～近鉄奈良間（32・8キロ）の普通運賃は570円から680円になる。なお、特急料金や特別車両料金は値上げの対象外となる。

そもそも近鉄の運賃は、改定前も他の関西大手私鉄と比較すると高かった。たとえば、ほぼ同じキロ数の阪急京都河原町《かわらまち》～南茨木《みなみいばらき》（32・4キロ）の運賃は、近鉄よりも250円安い320円である。それだけに、近鉄による値上げの発表のショックは大きく、一時期は沿線自治体の首長から不満が噴出《ふんしゅつ》した。

なぜ、近鉄は大幅な値上げに踏み切ったのだろうか。そこには、コロナ禍だけでなく、近鉄ならではの事情も見え隠れする。

近鉄は1995（平成7）年以降、消費税率引き上げ時を除けば、運賃改定を実施してこなかった。しかし、利用者数は1991（平成3）年度の約8億人をピークに減り続け、2018（平成30）年度には約3割減にまで落ち込んだ。

この間は他の関西大手私鉄も利用者数が減少したが、もっとも減少幅が大きかったのが近鉄だった。同社は、沿線住民の人口減少に加え、自動車利用へのシフトを利用者数減の原因として挙げている。

近鉄は、民鉄のなかでもっとも路線距離が長く、ローカル線も抱えている。20

00年代には、伊賀線や養老《ようろう》線といった多数のローカル線を後継会社に譲渡するなどの合理化を進めてきた。

このような状況にコロナ禍が襲い、2020（令和2）年度の利用者数はピーク時の約半分まで落ち込んだ。さらに、バリアフリー設備の推進や老朽《ろうきゅう》車両の取り換えも待ったなしの状況である。このような流れから、値上げに踏み切らざるを得なかったのだ。

ただし、国土交通省は2022年9月の認可時に、2023年度から3年間は近鉄の経営実績を確認するという条件を付けた。今後の状況が気になるところだ。

阪急、**阪神**、**京阪**も2023年4月1日から普通運賃を一律10円値上げするが、近鉄の値上げとはいくぶん事情が異なる。こちらは、2021年12月に国土交通省が創設した「鉄道駅バリアフリー料金制度」を活用するのだ。

この制度は、鉄道のバリアフリー化を促進するために、利用者に幅広く負担を課すものだ。ようするにバリアフリー設備の整備に特化した値上げといえる。

10円の一律値上げを加味《かみ》すると、阪急の大阪梅田〜神戸三宮《さんのみや》間、阪神の大阪梅田〜神戸三宮間は大人330円、阪急の大阪梅田〜京都河原町間は大人410円、京阪淀屋橋《よどやばし》〜祇園四条《ぎおんしじょう》間は大人430円となる。

値上げにより、バリアフリー設備が充実することが予想される。たとえば、阪急は2040年度末頃までに全駅でホーム柵《さく》を設置することを発表した。また、ホーム幅が狭いことで知られる神戸本線・宝塚本線の中津《なかつ》駅も、エレベーターをはじめとしたバリアフリー設備を整備する。このように、値上げの結果を明確に示せれば、利用者も納得するのではないだろうか。

南海は、2022年10月に運賃の値上げを発表した。初乗り運賃は現行の160円から180円になる。実施時期は2023年10月を予定している。なお、空港線の加算運賃、りんくうタウン～関西空港間の特定運賃、鋼索《こうさく》線の運賃、特急料金は変わらない。

「誕生と合併」、大手5社の濃い歴史とは?

ここまで読んだだけでも、関西大手私鉄各社は個性派ぞろいであることがわかっただろう。それでは、各社の成り立ちに何か特徴はあるのだろうか。

関西大手私鉄でもっとも歴史が長いのは**南海**である。南海は前身の阪堺《はんかい》鉄道が1885(明治18)年に開業したのが始まりだ。関西初の鉄道である官営鉄道大阪～

神戸間開業（1874年）の11年後であることを考えると、全国的にも最古参の鉄道に位置付けられる。

会社名からもわかるとおり、もともとは大阪と堺《さかい》を結ぶことを目的とした鉄道だった。当初は蒸気機関車が走り、始発駅の難波駅も繁華街の外《はず》れに位置した。

「南海」という名が登場したのは開業から10年後のことである。大阪府～和歌山県間に鉄道を開業しようとした紀阪鉄道と紀泉鉄道が合併し、のちに南海鉄道となった。1898（明治31）年に阪堺鉄道が南海鉄道に事業譲渡し、今日の南海本線の礎《いしずえ》ができた。

同じ南海の路線でも、高野線は南海本線とは成り立ちが異なる。こちらは、1896年に設立された高野鉄道が始まりだ。

のちに橋本以遠《いえん》の延伸を目的とした高野大師鉄道も設立され、1922（大正11）年に南海鉄道、大阪高野鉄道、高野大師鉄道が合併し、現在の南海高野線に至る。

民鉄最長の路線網を誇る**近鉄**は、数多くの鉄道会社を合併した歴史を持つ。直系に位置付けられるの

開業年月日
1914年（大正3）4月30日
1885年（明治18）12月29日
1910年（明治43）4月15日
1910年（明治43）3月10日
1905年（明治38）4月12日

●5社の設立年と開業日●

	設立年	開業時の社名	最初に開業した区間
近鉄	1910年(明治43)9月	大阪電気軌道	上本町～奈良
南海	1884年(明治17)6月	阪堺鉄道	難波～堺
京阪	1906年(明治39)11月	京阪電気鉄道	天満橋～五条
阪急	1907年(明治40)10月	箕面有馬電気軌道	梅田～宝塚、石橋～箕面
阪神	1899年(明治32)6月	阪神電気鉄道	出入橋～三宮

＊各社の公式ホームページより

が1910（明治43）年に設立された大阪電気軌道（大軌《だいき》）である。大軌は大阪～奈良間を生駒山をトンネルで突っ切るかたちで1914（大正3）年に上本町（現・大阪上本町）～奈良（現・近鉄奈良）間で開業した。

大軌は開業後、次々と路線を延ばし、伊勢方面は桜井駅までを開業させた。桜井以遠は参宮《さんぐう》急行電鉄（参急）にバトンを渡し、山田駅（現・伊勢市）方面へ直通した。参急は名古屋側の鉄道会社を次々に合併していき、営業キロ数では大軌を上回るようになる。

1941（昭和16）年、大軌と参急は合併し、社名を関西急行鉄道とした。さらに、1944（昭和19）年には南海鉄道と合併し、近畿日本鉄道を設立する。

しかし、南海系は南海電気鉄道として分離した。

近鉄は戦後も京都線の前身となる奈良電気鉄道をは

じめ、次々と鉄道会社と合併し、今日のようなマンモス鉄道会社となった。

阪神は日本初の都市間高速鉄道として1905（明治38）年に出入橋《でいりばし》〜三宮間で開業した。開業をめぐる国との調整の歴史は次項の「5社それぞれの『レール幅』は？」に譲るが、ここでは1975（昭和50）年に全廃された路面電車である国道《こくどう》線の歴史に触れてみたい。

国道線は国道2号線を走行し、大阪市の野田と東神戸を結んでいた。国道2号線自体は大阪と北九州の門司《もじ》を結ぶが、大阪〜神戸間は「阪神国道」と呼ばれることが多い。

阪神国道が開通したのは1926（昭和元）年のこと。歩道付きの左右幅約27メートルの道路は、当時としては規格外のものであった。もともとは20メートル程度の予定だったのだが、幅員《ふくいん》を広くしたのは阪神である。

阪神はもともと阪神国道の真ん中に路面電車を通すことを計画しており、国に特許申請を出していた。当時は自動車も少なく、「平民的な交通機関」として路面電車が歓迎されると読んだのだ。1927（昭和2）年の国道線の開業当初は子会社の「阪神国道電軌」が運営したが、翌年に阪神の直営となった。

阪急のスタートは宝塚本線・箕面《みのお》線が開業した1910（明治43）年だ。当時の社名は箕面有馬《ありま》電気軌道である。阪急の歴史を語るうえで欠かせない小林一三《いちぞう》は、創業時から箕面有馬電気軌道の経営に関わっていた。

当時の宝塚本線の沿線は農村地帯が広がっており、開業時からの苦戦が容易に想像できた。そこで小林は、農村地帯を買い取って住宅を建て、サラリーマンに販売することを考案。最初に分譲したのは現在の大阪府池田市で、当時としては珍しい住宅ローンを通じての販売だった。

1918（大正7）年に社名が「阪神急行電鉄」になり、2年後に神戸本線と伊《い》丹《たみ》線が開通する。当時の「阪急」は社名の略称であり、「阪急」が正式な社名になったのは意外と遅く、1973（昭和48）年のことだ。

同じ阪急でも、京都本線は毛並みが異なる。もともと京都本線は京阪の子会社である新京阪鉄道によって開業し、1930（昭和5）年には京阪の一路線になった。

しかし、1940（昭和15）年になると戦時色が濃くなり、陸運統制令により全国的に私鉄の合併が相次いだ。阪急と京阪は1943（昭和18）年に合併し、「京阪神急行電鉄」となる。戦後、京阪は分離したが、京都本線系統は阪急に残された。

京阪は1906（明治39）年に設立された。創立に際しては「日本資本主義の父」渋沢栄一《しぶさわえいいち》が創立委員長として携《たずさ》わっている。渋沢は官営鉄道とは別に淀川を挟む対岸に鉄道路線が必要だと考えていた。

1910（明治43）年に天満橋《てんまばし》～五条間が開業。沿線開発も進み、路線は順調に成長した。1914（大正3）年には、鉄道国有化のときに買収されなかった私鉄のなかでは初の急行運転を開始。翌年には、日本初の色灯三位式自動閉そく信号機を導入している。

このように、各社ともなかなか濃い歴史を持つ。これからどのような歴史がつくられるのか興味深いところである。

狭軌と標準軌、5社それぞれの「レール幅」は？

鉄道ファンはともかくとして、世間一般では、日本の鉄道路線にさまざまな線路幅があることは意外と知られていない。例を挙げると、JR在来線の線路幅は1067ミリメートル、新幹線は1435ミリメートルである。一般的に1067ミリは狭軌《きょうき》、1435ミリは標準軌《ひょうじゅんき》と呼ばれ、世界では標準軌が主流だ。

では、関西大手私鉄のレール幅はどうだろうか。

先に答えを書くと**阪急**、**阪神**、**京阪**、**近鉄**（南大阪線・吉野線系統を除く）が標準軌、そして**南海**と**近鉄南大阪線・吉野線**系統が狭軌である。関西大手私鉄はJR在来線よりもレール幅が広い標準軌を採用しているところが多いのだ。ちなみに、かつて近鉄は全国的にも珍しい762ミリというナローゲージの路線を保有していたが、経営合理化により他会社へ譲渡している。

標準軌の採用にあたっては、興味深い歴史が存在する。そもそも新幹線に採用されていることからもわかるとおり、狭軌よりも標準軌のほうが高速運転時において安定性が高い。本来ならば、1872（明治5）年の日本の鉄道開業時から標準軌を採用すればよかったのだが、一説によると、コスト面や鉄道建設のスピードを高めるために国は狭軌を選択したという。

官営鉄道に依存しないことを前提とすれば、私鉄が標準軌を採用しても何も問題はない――そんな考えのもと、日本で初めて標準軌の都市間鉄道を実現した会社が**阪神**だ。

阪神の前身にあたる摂津《せっつ》電気鉄道は、設立当初から大阪～神戸間を高速で結ぶために標準軌での開業を目指していた。ところが、当時の国の姿勢では官営鉄道に競合するかたちでの普通鉄道の建設は認められなかった。国は鉄道路線の共倒れを恐れたのである。

そこで阪神は、道路を走る路面電車向けの法律「軌道条例」を用いて1905(明治38)年の開業にこぎつけた。「軌道」といっても、道路を走る区間は一部にすぎず、事実上は普通鉄道と変わらなかった。

こうして、標準軌の都市間鉄道が開業したのである。続いて**京阪**も、軌道条例にもとづいて標準軌の都市間鉄道を開業させた。

車輪幅が変えられる「フリーゲージトレイン」といった例外を除くと、線路幅が異なる路線同士で乗り入れることはできない。そのため、阪急、阪神などの標準軌路線は国鉄時代を通じてJR線との直通運転は実施されなかった。

これは、逆に考えれば「狭軌ならば、JRとの直通運転が可能になる」ということだ。実際に**南海**は1985(昭和60)年まで、自社の車両を国鉄紀勢《きせい》本線に乗り入れさせていた。南海と国鉄紀勢本線との直通列車の歴史は意外と古く、昭和のほぼ全期にわたって行なわれていた。

南海は1950年末から1960年代にかけて国鉄キハ55に類似《るいじ》したディーゼルカーキハ5501形・キハ5551形を製造。塗装は国鉄型ディーゼルカーと同じく赤色とクリーム色の組み合わせとなり、当時緑色の電車が多かった南海では特異な存在だった。

南海のディーゼルカーは国鉄和歌山駅で急行「きのくに」と連結・解放を行なった。難波発着の「きのくに」は南海本線内は2両編成ないし3両編成で特急として運行されたが、国鉄阪和線の「きのくに」と比較すると、堺・岸和田《きしわだ》といった主要駅に停車する以外はとくに目立ったメリットはなかった。

現在は、南海とJR西日本のあいだでは直通列車の運行はない。いっぽう、空港線は、りんくうタウン～関西空港間がJR西日本との共用区間となり、両社の電車が同一路線上を走る。

りんくうタウン～関西空港間の運行管理はJRが担当し、りんくうタウン駅業務は南海が受け持つ。ホームは共用になり、JRの駅名標や駅放送は南海風である。いっぽう、関西空港駅は南海、JRそれぞれが受け持ち、ホームも会社別となる。関西空港へアクセスする際にぜひチェックしてもらいたい。

関西で唯一「座席指定列車」を走らせるのは？

ここでいう「座席指定列車」とは、通常時は特別料金不要の車両を用いた有料列車のことを指す。関東では東武鉄道「TJライナー」「THライナー」や西武鉄道

「Ｓ‐ＴＲＡＩＮ」が当てはまる。

いずれも、リクライニングシートを有する特急型専用車両ではなく、ロングシートからクロスシートになる座席転換車両だ。なお「ＴＪライナー」「ＴＨライナー」「Ｓ‐ＴＲＡＩＮ」とも、乗車には乗車券のほかに特別料金が必要となる。

では、関西大手私鉄で上記の条件に当てはまる列車はあるのだろうか。

じつは、意外なことに**京阪**が運行する「ライナー」しかない。「ライナー」は平日朝ラッシュ時間帯と平日夜間に設定され、朝ラッシュ時間帯は淀屋橋行き、夜間は出町柳行きとなる。

停車駅は特急と変わらず、原則として乗車には乗車券のほかに「ライナー券」が必要になる。「ライナー券」は淀屋橋〜大阪府内間は３００円、淀屋橋〜京都市内間は３８０円である。

車両は、特急や快速特急に用いられる片側2扉車・転換クロスシート車両の８０００系が用いられる。８０００系は車内に中吊《なかづ》り広告がなく、2階建て車両もあることから、ほかの転換クロスシート車両と比較すると別格だ。あくまでも個人的な感想だが、京阪８０００系クラスであれば、特別料金を要しても納得できる。

「ライナー」で興味深い点は朝ラッシュ時間帯の始発駅にある。前述したように全列車とも淀屋橋行きだが、始発駅は出町柳、三条、樟葉《くずは》、枚方市《ひらかたし》と多岐《たき》にわたる。「ライナー」が走る京阪本線・鴨東《おうとう》線は51・6キロと路線距離が長く、大阪と京都という二大都市を結ぶ。また、中間主要駅も多数存在することから、着実に着席できるよう始発駅にバリエーションを持たせたのだろう。なお、夜間はすべて淀屋橋駅始発である。

さらに、京阪では特別料金が不要な快速特急「洛楽《らくらく》」と特急、そして快速急行に座席指定車両「プレミアムカー」1両を連結している。車内は1列+2列のリクライニングシートを基本とし、JRや近鉄の特急列車とくらべてもけっして引けはとらない。

乗車には、乗車券のほかに「プレミアムカー券」が必要で、淀屋橋～大阪府内間の各駅は400円、淀屋橋～京都市内間の各駅は500円となる。本格的なリクライニングシートもさることながら、アテンダントによる心温まるサービスも特徴だ（203ページ参照）。当初、「プレミアムカー」は8000系のみだったが、2021（令和3）年1月に3000系「プレミアムカー」がデビューした。

関東の大手私鉄とくらべて、関西の大手私鉄に一般型車両を使った座席指定列車が少ない理由の1つは、昭和から転換クロスシート車両が広く普及しているからであろう。

関西大手私鉄は両数に差はあるものの、全社とも転換クロスシート車両を保有している。もちろん、乗車に際して特別料金は必要ない。いまさら転換クロスシート車両で特別料金を徴収《ちょうしゅう》しても、沿線住民からの反発を招くだけだ。

理由のもう1つは、比較的営業距離が長い私鉄、すなわち**近鉄**・**南海**では、すでにリクライニングシートを有する特急専用車両を導入していることだ。いずれも全車が座席指定車なので、確実に座ることができる。

また、長距離輸送だけでなく、通勤・通学を意識した停車駅の多い中距離輸送を意識した特急列車もある。たとえば近

プレミアムカー(3両目)を連結して走る京阪8000系

鉄では、大阪難波〜近鉄奈良間32・8キロにも特急を設定し、一部列車には2020（令和2）年デビューの名阪特急「ひのとり」が使われる。

南海も、泉北《せんぼく》高速鉄道和泉《いずみ》中央〜難波間を結ぶ特急「泉北ライナー」があるが、その走行距離はわずか27・5キロだ。

このように、関東と関西では歴史的背景から座席指定列車に対する考え方が異なるのだろう。ただし、密を避ける社会が定着している現在、京阪の「ライナー」に続く、一般型車両を使った新たな座席指定列車が関西に誕生する可能性は否定できない。

各社は沿線に、どんな「観光地」を有するか？

関西には数多くの観光地が存在する。当然のことながら、関西大手私鉄も沿線に数多くの観光地を抱えている。

もっとも観光地が多い関西大手私鉄は、なんといっても**近鉄**だ。

まずは、三重県の伊勢志摩エリアが挙げられる。大阪線と名古屋線の分岐点である伊勢中川駅を起点とする山田線（伊勢中川〜宇治山田）は伊勢志摩エリアの入り口にある路線だ。終着駅の宇治山田駅と、その1つ手前の伊勢市駅は伊勢神宮外宮《げくう》の最寄《もよ》り駅であり、すべての特急が停車する。

もともと、山田線は近鉄の前身である参宮急行電鉄本線の東端部《とうたん》として建設されたのが始まりだ。1930（昭和5）年3月に松阪～外宮前（現・宮町）間が開業。その後、順調に路線を延ばし、翌年3月に山田線が全通。同時に大ターミナル駅の宇治山田駅が開業した。

宇治山田駅の駅舎はルネサンス様式の大変優美な姿をしている。駅舎南側には塔《とう》屋《や》があり、現在も「近鉄」と書かれた看板が誇らしげに掲《かか》げられている。

ホームは高架式の3面4線で、開業当初から延伸を想定した構造となっていた。2011（平成13）年には国の登録有形文化財に登録され、駅ナカ施設「Time's Place うじやまだ」がオープン。2022（令和4）年8月には期間限定ながらストリートピアノが設置され、いまだに進化が止まらないのも魅力かもしれない。

阪急も数多くの観光地を抱えるが、もっとも力を入れているのは京都の嵐山《あらしやま》だ。嵐山線の終着駅嵐山駅からしばらく歩くと渡月橋《とげつきょう》が見え、秋になると橋から見える紅葉の美しさに誰もが息をのむ。

阪急の嵐山駅は1928（昭和3）年に開業し、当初は大勢の観光客に対応するために6面5線という超デラックス仕様であった。

しかし、観光シーズン以外は需要が少なく、現在使用されているのは3面2線のみ。かつての嵐山駅は、使われなくなったホームが草に覆《おお》われ、「兵《つわもの》どもが夢の跡」とでも表現できるような、どこかひなびた雰囲気を漂わせていた。

そんな嵐山駅が一新されたのは2010（平成22）年のこと。阪急創業100周年の一環として、駅舎と駅前広場のリニューアルが行なわれた。

駅舎の屋根をいぶし銀調の金属瓦に葺《ふ》き替え、外壁は縦格子《たてごうし》をあしらった。照明器具は行灯《あんどん》をイメージしたものになり、インスタ映《ば》えすることから人気も高

和を意識したデザインが散りばめられた阪急の嵐山駅

い。ホーム上の駅名標やゴミ箱もレトロ調になっており、訪れた観光客からは驚きの声も聞かれる。建物自体は変わっていないのに、まるで新駅舎のような様相《ようそう》を呈《てい》しているのだ。

京阪も京都に多数の観光地を抱えるが、ここでは石清水八幡宮《いわしみずはちまんぐう》への足である石清水八幡宮参道ケーブルを取り上げたい。

石清水八幡宮参道ケーブルは、京阪本線石清水八幡宮駅近くにあるケーブル八幡宮口とケーブル八幡宮山上をつなぐ全長約0・4キロの路線だ。1926（大正15）年に開業し、京阪の路線になったのは1955（昭和30）年のことである。

2019（令和元）年には全面リニューアルを行ない、車両の名称を新たに「あかね」「こがね」と名付け、内外装も一新した。

車体の外装は京阪特急伝統のツートンカラーをモチーフとしながらも、陰影《いんえい》を生むマットメタリック色を採用。車内の扉・座席は左右で異なるデザインとなった。同時に、駅名やケーブルカーの名称も現行のものに変更されている。

同じく、観光地にあるケーブルカーを一新したのが**南海**だ。南海沿線の随一《ずいいち》の観光地といえば高野山《こうやさん》である。難波駅から高野線に乗り、終着の極楽橋《ごくらくばし》駅で高野山ケーブルカーに乗り換え、高野山駅を目指す。高野山駅から金剛峯寺《こんごうぶじ》まではバスだ。

高野山ケーブルカーは２０１９年、じつに54年ぶりに新車を導入した。新車はスイス「ＣＷＡ社」製であり、ヨーロッパ風な流線形となった。

従来車両と比較すると窓が格段に大きくなり、高野山の自然を思う存分楽しめる。車内は車いすスペースの新設や扉の幅広《はばひろ》化など、バリアフリーを意識した設計となった。高野山駅、極楽橋駅もリニューアルされ、南海の本気度が伝わってくる。

最後に、関西大手私鉄ではもっとも路線距離が短い**阪神**だ。阪神沿線には日本屈《くっ》指《し》の球場、阪神甲子園球場がある。甲子園球場は１９２４（大正13）年に誕生した日本初の本格的野球場であり、阪神みずからが携わった。

阪神は野球場以外にも阪神パークを建設し、甲子園を一大観光地にしようとした。しかし、阪神パークは２００３（平成15）年に閉園し、現在は商業施設「ららぽーと甲子園」が建つ。

そんな甲子園の玄関口となる甲子園駅は、２０１７（平成29）年にリニューアル工事を完了した。ホームに上がると、白球《はっきゅう》や球児のユニフォームをイメージした白色の大屋根が目立つ。またホーム幅が格段に広くなり、混雑時でも安心して利用できるようになった。

ちなみに、甲子園駅のリニューアル工事の事業主体は阪神ではなく、第三セクターの神戸高速鉄道であった。今回の工事では国の「鉄道駅総合改善事業費補助」制度を活用したが、この制度は公益性を担保するために「駅の改良整備や保有を業務とする第三セクター」のみが補助を受けられる。

つまり、阪神は補助を受け取ることができない。そこで、神戸高速鉄道を事業主体にしたのだ。現在は神戸高速が施設を保有し、阪神が借り受けるというかたちを取っている。

このように、関西大手私鉄では単に街から観光地へ輸送するだけでなく、駅設備などをリニューアルすることにより、観光地そのものを盛り上げようとしている。観光地を訪れる際は、ぜひ鉄道会社の涙ぐましい努力にも気をとめてほしい。

格差2

近鉄 南海 京阪 阪急 阪神の運行ダイヤを比較する

コロナ禍で減便と増便。各社の「ダイヤ改正」は？

新型コロナウイルスは社会全体に大きな影響を与えた。もちろん、鉄道界も例外ではない。テレワークによる朝ラッシュ時の乗客減少など、新しい生活様式に対応するために各社ともダイヤ改正を実施している。

各社とも最終電車の繰り上げが行なわれている点が共通するところだが、ここでは、５社別にダイヤ改正の概要とポイントを見ていこう。

南海は２０２１（令和３）年5月22日にダイヤ改正を行ない、昼間時間帯の空港特急「ラピート」の減便と空港急行の両数変更及び減便を行なった。ただし、この改正は航空需要が大きく落ち込んでいた時期に行なわれており、航空需要が回復すればコロナ禍前の運行本数に戻るのではと考える。

大胆なダイヤ改正で驚かせたのは、２０２１年9月25日に実施した**京阪**だ。京阪は大規模な減便に踏み切り、京阪線（京阪本線・鴨東《おうとう》線・中之島《なかのしま》線・交野《かたの》線・宇治線）では平日は約15パーセント、土休日は約20パーセントも運行本数を減らした。

これにより、昼間時間帯の特急、準急、普通は１時間あたり上下各６本から４本へと減便されたが、同時間帯に快速急行を1時間あたり上下各2本ずつ新設。いっぽうで、全車両座席指定「ライナー」を増発した。

近鉄は2022（令和4）年4月23日に南大阪線系統でダイヤ改正を行ない、その他の線区は12月17日に実施する。

4月23日実施の改正は南大阪線・吉野線の一部列車の区間短縮と2両編成化がメインとなった。区間短縮では、大阪阿部野橋《あべのばし》発吉野行き急行の一部が橿原《かしはら》神宮前行きに変更されている。

また、昼間時間帯を中心に橿原神宮前〜吉野間がワンマン運転の2両編成になり、古市《ふるいち》〜橿原神宮前間に2両編成の普通を設定した。

12月17日に実施されるダイヤ改正では、観光特急「あをによし」の京都〜近鉄奈良間が1往復増発、平日朝ラッシュ時の大和西大寺《やまとさいだいじ》発大阪難波《なんば》行き特急「ひのとり」増発が目玉といえよう。また、京都線では平日に限り、京都市営地下鉄烏丸《からすま》線直通の急行の運行時間帯が昼間から朝夕に変更される。

阪急と**阪神**のダイヤ改正も、近鉄と同じく2022年12月17日に実施する。**阪急**は神戸本線と京都本線で運行されている快速急行を準特急に変更。これにより、特急系の種別は4種類（快速特急・特急・通勤特急・準特急）となる。

ちなみに「準特急」は2022年春まで東京の京王電鉄が使用していた種別名称で、関東で廃止された種別が関西で復活する例はなかなか見られない。そのいっぽう、京都本線ではレアな種別であった快速が急行に変更され、関西大手私鉄から「快速」という種別は消えることになる。

ほかには、京都本線・宝塚本線で10両編成の運転が取りやめとなること、箕面《みのお》発大阪梅田行き直通普通が廃止されることがトピックだ。

また、阪急は2024（令和6）年に京都本線の特急、通勤特急、準特急で座席指定サービスを導入することを発表している。現時点では詳細は不明だが、続報を楽しみにしたい。

阪神は快速急行にメスを入れた。土休日に続き、平日夕ラッシュ時間帯以降において快速急行の両数を全区間8両にする。これにより、尼崎《あまがさき》駅での増結・解放作業がなくなり、3〜4分の時間短縮が実現する。

また、停車駅も変更され、平日朝ラッシュ時を除き武庫川《むこがわ》駅・今津《いまづ》駅に停車する代わりに芦屋《あしや》駅は通過に。平日日中時間帯の運行本数は1時間あたり3本から2本に変わり、快速急行の減少分は大阪梅田〜西宮間の急行で補《おぎな》われる。ほかには、平日朝ラッシュ時に運行する大阪梅田発甲子園行き急行2本が区間急行に変更される。

各社は今後も、社会情勢を鑑《かんが》みながらダイヤ改正を行なうことが予想される。通勤・通学時にあわてないためにも、当分はダイヤ改正関連の情報を細かく拾い上げることが重要だろう。

朝ラッシュ時でも「表定速度」が高い私鉄は?

どの鉄道会社もそうだが、ラッシュ時になると、昼間時よりも列車の速度は遅くなる。それでも朝だからこそ、一刻も早く目的地に達したいものだ。では、関西大手私鉄において、ラッシュ時にもっとも速く運行している路線はどこだろうか。

ここでは、各社の主要区間における平日朝ラッシュ時の表定速度を比較したい。対象とする列車は「特別料金が不要な最上位種別」、そして「発駅を7時30分前後に発車する」ものとする。

比較区間は「発駅から大阪方終着駅まで」とし、発駅は「終着駅から30キロメートル前後かつ平日運行の特別料金を必要としない主要種別が停車する駅」である。

なお小数点以下は四捨五入する。

阪急では、神戸本線神戸三宮《さんのみや》→大阪梅田の表定速度は時速61キロ（特急）、京都

●朝ラッシュ時の表定速度ランキング●

順位	路線名	種別	区間	表定速度
1	近鉄南大阪線	急行	尺土→大阪阿部野橋	63km/h
2	近鉄大阪線	快速急行	大和高田→大阪上本町	62km/h
3	阪急神戸本線	特急	神戸三宮→大阪梅田	61km/h
4	阪急京都本線	快速急行	長岡天神→大阪梅田	58km/h
5	南海本線	特急	泉佐野→難波	54km/h
6	阪神本線	直通特急	元町→大阪梅田	52km/h
6	京阪本線	特急	樟葉→淀屋橋	52km/h
8	南海本線	急行	泉佐野→難波	51km/h
9	南海高野線	急行	河内長野→難波	46km/h
10	近鉄奈良線	快速急行	近鉄奈良→大阪難波	45km/h
11	阪急宝塚本線	急行	宝塚→大阪梅田	33km/h

*比較対象とする列車は「特別料金が不要な最上位種別」「発駅を平日7時30分前後に発車する」もの。比較する区間は「発駅から大阪方終着駅まで」として算出

本線長岡天神《ながおかてんじん》↓大阪梅田は時速58キロ（快速急行）となり、線形の良さと駅間距離が長いことから表定速度は高い。

いっぽう、宝塚本線宝塚↓大阪梅田は時速33キロ（急行）にとどまり、同区間は路線長が24・5キロなのにもかかわらず、44分も要する。宝塚駅発の今津北線・神戸本線経由の準急は宝塚本線経由よりも約10分早く大阪梅田駅に着く。

阪急神戸本線と並走する**阪神本線**はどうか。阪神本線元町《もとまち》↓大阪梅田は時速52キロ（直通特急）となり、阪急神戸本線と比較するとずいぶん差がつく。やはり、駅間距離の短さと停車駅数の多さが影響するのだろう。

表定速度が高いのは**近鉄**だ。近鉄大阪線大和高田→大阪上本町《うえほんまち》は時速62キロ（快速急行）、南大阪線尺土《しやくど》→大阪阿部野橋は時速63キロ（急行）と、共に時速60キロを超える。

両列車に共通するのは停車駅の少なさだ。大阪線大和高田〜大阪上本町間の快速急行の停車駅は大和高田、五位堂《ごいどう》、鶴橋、大阪上本町、そして尺土〜大阪阿部野橋間の急行の中間停車駅は古市のみだ。近鉄では、中遠距離向けの種別と近距離向けの種別を明確に分けているため、中遠距離向けの種別は大阪方30キロ圏内での停車駅が極端に少ない。

ところが、奈良線近鉄奈良→大阪難波は時速45キロ（快速急行）にとどまり、大阪難波駅まで44分を要する。奈良線の表定速度が他区間とくらべて低い一因として、急こう配が挙げられる。奈良線は生駒山《いこまやま》を越えるため、30パーミル（1000メートル走るごとに30メートルのぼる）以上の区間が連続する。当然、高速運転は難しい。

また、快速急行の停車駅は近鉄奈良、新大宮《しんおおみや》、大和西大寺、学園前、生駒、鶴橋、大阪上本町、近鉄日本橋《にっぽんばし》、大阪難波と、大阪線大和高田〜大阪上本町間の快速急行よりも多い。これも、他区間より表定速度が低くなる一因となっている。

次に**南海**だが、南海本線泉佐野《いずみさの》→難波は、泉佐野駅7時26分発特急と29分発急行を比較する。表定速度は特急が時速54キロ、急行が時速51キロとなり、あまり変わらない。高野線河内長野《かわちながの》→難波は時速46キロ（急行）となる。

最後に、関西大手私鉄最長の複々線区間を持つ**京阪本線**は樟葉《くずは》→淀屋橋が時速52キロ（特急）となる。

この数字だけでは複々線区間の効果はわからないが、樟葉駅7時34分発の通勤準急を見ると、複々線区間（萱島《かやしま》→京橋）の表定速度は時速70キロを超えている。複々線区間のおかげで優等列車は普通に気兼《きが》ねすることなくスムーズに走れる。複々線区間がないと、表定速度は下がっていただろう。

このように、5社の表定速度を見てきたが、測定区間・時間帯などにより表定速度は大きく変わるのも事実だ。本項で示した結果は、あくまでも参考程度と考えていただければ幸いだ。

ターミナル駅発の各社の「終電時刻」は？

コロナ禍になり、終電時刻がどんどん早くなっている。各社のターミナル駅の終電時刻をチェックしてみよう。

●2022年ダイヤ改正後の主要ターミナル駅の終電時刻●

路線名		発車時刻	発　駅	種別・行先
近　鉄	大阪線	24:08	大阪上本町	普通高安行き
	難波線・奈良線	24:05	大阪難波	普通東花園行き
	南大阪線	24:02	大阪阿部野橋	普通古市行き
南　海	南海本線	24:08	難波	急行泉佐野行き
	高野線	24:10	難波	区間急行三日市町行き
京　阪	京阪本線	24:02	淀屋橋	普通萱島行き
阪　急	神戸本線	24:10	大阪梅田	普通西宮北口行き
	宝塚本線	24:10	大阪梅田	普通雲雀丘花屋敷行き
	京都本線	24:10	大阪梅田	普通正雀行き
阪　神	阪神本線	24:20	大阪梅田	普通尼崎行き

阪急はダイヤ改正のある2022(令和4)年12月17日から終電時刻が変わる。大阪梅田駅の終電時刻を路線別に見ていくと、神戸本線急行が23時45分発神戸三宮行きに、普通が24時10分発西宮北口行きとなり、神戸三宮方面は15分繰り上がる。

宝塚本線は急行が23時45分発宝塚行き、普通は24時10分発雲雀丘花屋敷《ひばりがおかはなやしき》行きとなる。

京都本線は改正前にあった平日限定の24時0分発桂《かつら》行きの準急が存在したが、改正後は廃止される。

急行は23時45分発京都河原町行き、普通は24時0分発高槻市《たかつきし》行きと24時10分発正雀《しょうじゃく》行きとなる。なお、京都本線の急行は改正後に復活する種別で、12月17日に消滅する快速の停車駅に西京極《にしきょうごく》が加わる。

阪神も12月17日に終電時刻が変わり、大阪梅田駅からの特急は23時45分発神戸三宮行きに、普通は24時10分発御影《みかげ》行きと24時20分発尼崎行きとなる。ちなみに、改正前は平日と土休日で終電時刻が異なっていたが、改正後は統一される。

京阪は、淀屋橋駅からの特急が23時33分発三条行き、快速急行は24時0分発樟葉行き、普通は24時02分萱島行きが終電となる。23時33分発の特急三条行きは終点の三条駅で種別が普通出町柳《でまちやなぎ》行きとなり、事実上、淀屋橋発出町柳行きの最終列車となる。

かつて、京阪は淀屋橋を24時20分に発車する「深夜急行」樟葉行きがあり、この種別は、日本の鉄道で唯一《ゆいいつ》だった。しかし、2021（令和3）年9月ダイヤ改正で深夜急行は正式に消滅している。

次に**南海**を見てみよう。南海本線難波駅からの特急の終電は23時35分発和歌山市行き、普通は24時0分発羽倉崎《はぐらざき》行き、急行は24時08分発泉佐野行きとなる。24時08分発の泉佐野行きは急行で唯一、春木に停車し、列車種別幕や駅の案内掲示板では「-急行-」のように両側に短い白線が付く。

高野線は難波駅23時30分発急行橋本行き・23時47分発準急和泉《いずみ》中央行き、24時0分発普通千代田行き・24時10分発区間急行三日市町《みかいちちょう》行きだ。なお、難波駅から高野山方面への最終列車は難波駅21時05分発特急橋本行きとなり、橋本駅で極楽橋行きの最終列車と接続する。

近鉄では、大阪線は大和八木駅までに限ると、大阪上本町駅23時37分発急行大和八木行き・23時50分発区間準急五位堂行き・24時08分発普通高安行きとなる。

なお、伊勢方面の最終特急列車は大阪上本町駅21時53分発特急松阪行き、近鉄名古屋方面は大阪上本町駅21時33分発特急近鉄名古屋行きとなる。難波線・奈良線は大阪難波駅23時55分発区間準急近鉄奈良行き・24時05分発普通東花園《ひがしはなぞの》行きだ。

南大阪線は大阪阿部野橋駅23時10分発特急橿原神宮前行き、23時58分発準急富田林《とんだばやし》行き、24時02分発普通古市行きとなる。大阪阿部野橋駅から古市駅以遠へ乗り換えなしでアクセスできる最終列車が有料の特急列車という点がじつに興味深い。なおこの列車は平日限定のため、サラリーマン御用達《ごようたし》特急列車の感がある。

では、反対に終電がもっとも早い路線・駅はどこだろうか。ケーブルカーなどを除くと、南海和歌山港線（和歌山市駅～和歌山港）となる。

和歌山港線は和歌山～徳島間を結ぶ南海フェリーへの連絡に特化しているため、

終電がとにかく早い。和歌山市駅発の終電時刻は21時13分発（土休日は21時24分発）で、21時50分和歌山港発徳島港行きフェリーに接続する。

今後は早まる終電を通じて、鉄道から社会全体の働き方改革促進への動きが加速することだろう。いずれにせよ、最終列車を利用する時間帯になったら、時刻表アプリでチェックすることをお忘れなく。

平日と土休日で「停車駅」が異なる私鉄は？

全国的に列車種別は平日と土休日との区別はなく、停車駅は同じであることが一般的だ。ところが同一種別にもかかわらず、平日と土休日で停車駅が異なる路線が関西にはある。それが**阪神本線**だ。

もっとも顕著《けんちょ》なのが神戸と奈良を結ぶ快速急行である。快速急行の平日の日中時間帯の停車駅は神戸三宮、魚崎《うおざき》、芦屋、西宮、今津、甲子園、武庫川、尼崎だが、土休日ダイヤは芦屋駅には停まらない。

土休日の快速急行が芦屋駅を通過するようになったのは２０２０（令和２）年３月に実施されたダイヤ改正のときからだ。このダイヤ改正では土休日に限り、ほとんどの快速急行が8両編成となった。

いっぽう、平日の阪神本線では従来どおり6両編成で運行され、尼崎駅で2両分の増結・解放作業を行なう。土休日は全線で8両編成で運行するため、尼崎駅での増結・解放作業は行なわない。そのため、神戸三宮〜近鉄奈良間の所要時間が短縮された。

阪神本線の優等列車は6両編成を基本としている。快速急行の8両化にともない、快速急行停車駅ではホームの延伸工事が行なわれた。

ところが、芦屋駅は両端に踏切道があるため、ホームの延伸は難しい状況だ。そのためやむを得ず、土休日に限り、快速急行は芦屋駅を通過するようになった。なお2022(令和4)年12月17日ダイヤ改正からは平日朝ラッシュ時以外、芦屋駅は通過駅となる。

逆に土休日はすべての列車が到着するが、一部列車とはいえ、平日に通過する種別もある。直通特急は平日朝ラッシュ時の大阪梅田行きに限り、甲子園駅を通過する。平日朝ラッシュ時間帯には大阪梅田行き区間特急が運行されるが、この列車は直通特急が停車する西宮駅を通過する代わりに甲子園駅に停まる。

このように、複数種別の停車駅をずらす運行方法を「千鳥式運転」といい、昔から阪神はこれをお家芸《いえげい》にしている。とはいえ、種別や停車駅のパターンが多くなり、ふだん利用しない方にとっては路線を使いこなす難易度は格段に上がる。

そういうこともあってか、現在の阪神のダイヤを見ると、以前とくらべると停車駅はシンプルになっている。

ともかく、阪神芦屋駅と平日朝ラッシュ時間帯の阪神甲子園駅を利用する場合は時刻表アプリなどを使って、きちんと事前調査することをおすすめする。

「ノンストップ特急」が次々に消えたワケは?

令和になり、社会情勢があまりにも変わりすぎて、もはや10年前の出来事すら忘れかけているのは筆者だけではないだろう。関西の私鉄においても30年でさまざまな変化が生じたが、もっとも大きな変化は「ノンストップ特急」の事実上の廃止ではないだろうか。

試しに1987(昭和62)年の時刻表を開いてみよう。**阪急京都本線**の特急は大阪方の十三《じゅうそう》駅から京都方の大宮駅までノンストップだった。朝ラッシュ時間帯には高槻市駅に停車する通勤特急が設定されていたが、阪急が大阪〜京都間の直通客を重視していたことがうかがえる。神戸本線の特急も同様に西宮北口〜三宮（現・神戸三宮）間がノンストップだった。

かつての**京阪特急**も、大阪方の京橋駅を出発すると京都方の七条《しちじょう》駅までノンストップ。1990年代前半まで、朝ラッシュ時間帯でも途中の主要駅には停まらなかった。阪急・京阪共に、当時の特急は原則として片側2扉のクロスシート車両が使用され、途中駅を利用する沿線住民にとっては「なかなか利用できない」特別な列車だったのである。

では、現在はどうか。阪急京都本線特急の途中停車駅は十三、淡路、茨木市《いばらきし》、高槻市、長岡天神《ながおかてんじん》、桂、烏丸《からすま》で、大阪梅田〜京都河原町《かわらまち》間の所要時間は43分だ。神戸本線の特急も1995（平成7）年以降、岡本駅と夙川《しゅくがわ》駅に停車するようになった。ただし、こちらは最高時速が時速110キロから時速115キロに引き上げられたこともあり、西宮北口〜三宮間ノンストップ時代とくらべて、それほど所要時間は延びていない。

同様に特急停車駅を増やす施策は京阪、南海、近鉄でも実施している。**近鉄**は2012（平成24）年3月のダイヤ改正により、大阪難波〜近鉄名古屋間の全特急が津駅に停車するようになり、名阪ノンストップ特急は消滅した。

では、なぜ関西大手私鉄の特急停車駅は増えたのだろうか。要因として挙げられるのがＪＲ西日本の攻勢である。

　１９８７年の分割民営化以前、国鉄は近距離輸送よりも遠距離輸送に力を入れていた。また、線路設備を各地域で自由に使うことができなかったという事情もある。たとえば、東海道・山陽本線の複々線区間は１９８６（昭和61）年まで外側線（列車線）は特急列車や貨物線、内側線（電車線）は新快速・快速・普通が使用していた。つまり、近距離輸送に限れば設備面でも並行私鉄とさして変わらなかったのである。そのため、所要時間においても関西大手私鉄は国鉄と互角に勝負することができた。

　転機となったのは、民営化直前の１９８６年11月に実施した国鉄のダイヤ改正である。

　このダイヤ改正で、新快速が外側線を走れるようになった。ＪＲ西日本は複々線区間の強みをフルに活《い》かして、最高時速の引き上げによる所要時間の短縮を実現。また、新型車両の導入を通じて車内の快適性も大きく向上し、関西大手私鉄にとって国鉄時代と比較にならないほど強力なライバルとなった。

　当初は、関西大手私鉄のなかでも快速急行の増発などで、なんとかＪＲ西日本に対抗しようとした。しかし、複線と複々線という設備面の差は埋めがたく、中間駅～ターミナル駅間の輸送に注力することになる。その間もＪＲ西日本は速達性を維持しつつ、新快速・快速の停車駅を追加している。

また、さくら夙川駅（２００７年開業）、ＪＲ総持寺《そうじじ》駅（２０１８年開業）といったＪＲの新駅開業も見逃せない動きだ。関西大手私鉄から見ると、少しでも主要中間駅からＪＲ西日本への流出を防ぎたいという動機から、特急の停車駅増加につながったものと考えられる。

２つめはＪＲ西日本には真似できない独自ルートの強化である。たとえば、２００７（平成19）年に阪急京都本線の特急停車駅に淡路駅が加わった。

淡路駅は千里《せんり》線が乗り入れ、天神橋筋六丁目駅から大阪メトロ堺筋《さかいすじ》線へと乗り入れる。堺筋線は大阪市内のビジネス街を通り、終着駅の天下茶屋《てんがちゃや》駅で南海本線・高野線と接続する。

淡路駅では大阪梅田方面の特急電車から堺筋線方面の電車にスムーズに乗り換えることができ、阪急京都本線沿線から大阪市中心部へのアクセスが格段に改善された。いっぽう、ＪＲ京都線の各駅から堺筋線各駅へは少なくとも2回以上の乗り換えが必要だ。

3つめは中間駅そのものの充実である。阪急神戸本線の主要駅である西宮北口駅周辺には2009（平成21）年に商業施設「阪急西宮ガーデンズ」がオープンし、終日にぎわいを見せている。西宮北口駅の乗降人員は神戸三宮駅を抜き、阪急全体では第2位である。

2003（平成15）年に特急停車駅となった京阪本線樟葉駅周辺では、2005（平成17）年に商業施設「くずはモール街」の建て替えなどの大リニューアル工事が完成し、「KUZUHA MALL」になった。2014（平成26）年には旧西館と旧KIDS館の建て替えが終了した。中間駅がターミナル駅にも負けない魅力を持てば、当然ながら特急を停車させるだろう。

いっぽう、近年は大阪～京都間直通客に配慮した動きも見られる。阪急京都本線は土休日において快速特急を運行し、淡路～桂間はノンストップである。また京阪は本数は少ないながらも、かつての特急と同じく京橋～七条間ノンストップの快速特急「洛楽《らくらく》」を運行している。

筆者としては、沿線環境の変化と停車駅の増減とのあいだにどのような関係が見られるか、その点に注目していきたい。

「レアな種別」をいろいろ運行する私鉄は？

関西大手私鉄それぞれに数多くの種別が運行されている。一頃《ひところ》より数は減ったとはいえ、関西私鉄で最多の種別を誇る路線が**京阪本線**だ。2022（令和4）年10月現在、10種類（快速特急、特急、ライナー、通勤快急、快速急行、急行、通勤準急、準急、区間急行、普通）が運行されている。

このなかでレアな種別といえば通勤快急とライナーだろう。どちらもラッシュ時に活躍する種別だが、通勤快急は平日朝ラッシュ時間帯しか運行されないため、レア度は高い。

停車駅は出町柳《でまちやなぎ》、三条、祇園四条《ぎおんしじょう》、七条、丹波橋《たんばばし》、中書島《ちゆうしよじま》、樟葉、枚方市《ひらかたし》、香里園《こうりえん》、寝屋川市、京橋以遠からの各駅である。快速急行と比較すると守口市《もりぐちし》駅に停車しない。

いっぽう、ライナーは特急と停車駅は同じだが、全車座席指定の列車である。乗車には乗車券のほかにライナー券が必要だ。使用車両は片側2扉・転換クロスシートの8000系となり、プチ豪華な車両でゆったりとした雰囲気で通勤・通学ができる。京阪は種別の変化が激しいため、これからも新しい種別が登場するかもしれない。

同じく大阪と京都を結ぶ路線を持つ**阪急**はどうだろうか。

阪急は京都本線で運行される快速特急Aと快速がレア種別にあたる。快速特急Aは土休日に運行され、停車駅は大阪梅田、淡路、桂、烏丸、京都河原町である。他種別が停車する主要駅の十三駅では乗降扱いしないのが特徴だ。

ここで、わざわざ「通過」と書かずに「乗降扱いをしない」と表記した理由は、十三駅に一旦停車はするがドアは開かないからだ。

快速特急Aは観光列車6300系「京とれいん」で運行されるが、1両につきドアは片側2か所しかない。しかも、他の車両とドア位置が異なるため、十三駅のホームドアと一致しないのだ。

快速は全国的に見られる種別だが、意外にも関西大手私鉄では阪急しか運行していない。停車駅は大阪梅田〜高槻市間は準急、高槻市〜京都河原町間は快速急行と同じ停車駅である。運行時間帯は平日早朝（大阪梅田行き）と夕方のラッシュ時間帯（京都河原町行き）である。

とくに、夕方ラッシュ時間帯は通勤特急や快速急行がひしめくなかで、大阪梅田駅から京都河原町駅へ先着することも快速の特徴といえる。ただし、快速特急A・快速とも2022年12月17日ダイヤ改正にて消滅する予定だ。

種別の多さでは**阪神**を忘れてはいけない。阪神で見逃せない種別は区間特急と直通特急だ。全国で「区間」が付く種別は珍しくないが、「区間特急」という種別は阪神のみである。

区間特急は平日朝ラッシュ時のみの運行で、途中駅の御影駅から大阪梅田行きが運行されている。停車駅は御影、魚崎～香櫨園《こうろえん》までの各駅、今津、甲子園、尼崎、野田、大阪梅田だ。特急や快速急行が停車する西宮駅を通過するのが特徴だ。

直通特急は言わずと知れた阪神の看板列車だ。西代《にしだい》駅から山陽電鉄に乗り入れ、阪神梅田～山陽姫路間91・8キロメートルを結ぶロングラン列車だが、意外にも定期列車だと、直通特急は阪神・山陽しか存在しない。

また、停車駅が複雑な点も直通特急の特徴といえる。よく車両の種別表示器を観察してみよう。すると赤色の幕と黄色の幕があることに気づく。じつは赤色の幕の列車は神戸高速線内の一部の駅を通過するいっぽう、黄色の幕の列車は同線内の各駅に停まる。また、ラッシュ時のみに停車する駅が複数あり、本当に複雑だ。

近鉄はレア種別の区間快速急行を運行していたが、2012（平成24）年に廃止

●5社の列車種別数●

	種別数	内　訳
近鉄	7	特急、快速急行、急行、区間急行、準急、区間準急、普通
南海	9	特急、快速急行、急行、-急行-、空港急行、区間急行、準急、普通、各駅停車
京阪	10	快速特急、特急、ライナー、通勤快急、快速急行、急行、通勤準急、準急、区間急行、普通
阪急	7	快速特急、特急、通勤特急、準特急、急行、準急、普通
阪神	9	直通特急、阪神特急、区間特急、快速急行、急行、区間急行、準急、区間準急、普通

＊各社路線図などをもとに集計

された。以降は定期列車で特筆すべき種別はなくなったが、関西でも珍しい区間準急に触れる必要はあるだろう。

区間準急は大阪線と奈良線で、日中時間帯を含めて幅広い時間帯で運行されている。区間準急の歴史は意外と浅く、大阪線での運行開始は２０１２（平成24）年、奈良線での運行開始は２００６（平成18）年だ。

最後に**南海**だが、南海本線の停車駅案内を見ると「-急行-（泉佐野）」とあり、空港急行や急行とは明確に区別されている。「-急行-（泉佐野）」は急行の前後に白線（ハイフン）があることから、ファンのあいだでは「白線急行」と呼ばれている。

「白線急行」は難波発泉佐野行きが１日１本しか運行されていない（60ページ参照）。停車駅は急行停車駅に加えて春木駅に停まり、空港急行と同じ停車駅である。

「白線急行」は1994（平成6）年の関西国際空港開業前まで南海本線の主力種別であった。しかし、関西空港の開業にともなう空港急行の登場などにより、定期列車としては一旦消滅した過去を持つ。ところが2017（平成29）年ダイヤ改正により復活し、南海ファンを大いに驚かせた。

レア種別を紹介したが、今後はダイヤ改正により、めまぐるしく変化する可能性がある。

「臨時特急・臨時急行」が得意な私鉄は？

「関西の大手私鉄で臨時列車を走らせるのが好きな鉄道は？」と聞かれると、多くの鉄道ファンは間髪《かんはつ》を入れず「**近鉄**」と答えるだろう。沿線に観光地が多いため、臨時列車の設定があるのは当然だが、とにかくスケールが違う。

年末年始や大型連休、長期休暇の時期には、大阪・名古屋から伊勢志摩へ向かう臨時特急列車が設定される。そのなかには名阪新型特急「ひのとり」も含まれる。「ひのとり」はおもに名古屋～大阪間で活躍しており、ふだんは伊勢志摩には乗り入れない。そのため、希少価値の高い臨時特急列車といえるのだ。

2022（令和4）年夏季休暇のダイヤでは「ひのとり」は大阪難波～宇治山田・近鉄名古屋～鳥羽間を各1往復した。このうち大阪難波～宇治山田間の臨時特急では大和八木～伊勢市間がノンストップとなった。大和八木～伊勢市間がノンストップの列車は、特急でも本数は少なく、観光客には大助かりな列車だ。

天理教関連の臨時列車も注目に値する。天理市の玄関口にあたる天理駅へは、天理教の行事に合わせて大阪・京都方面から多数の臨時列車が設定される。ふだんは特急が走らない天理線だが、臨時特急列車の設定もあり、多くの鉄道ファンが注目する。

近年は「開業○○周年」に合わせた臨時列車の設定も目立つ。たとえば、2022年5月に開催された生駒《いこま》線・旧東信貴《ひがししぎ》鋼索《こうさく》線開業100周年イベントでは大阪上《うえ》本町《ほんまち》～生駒～王寺《おうじ》間を走る臨時急行1往復が走った。

この列車にはオリジナルヘッドマークが掲示され、イベントに花を添えた。今後も各路線の開業周年イベントの際に臨時列車が運行されることだろう。

京阪は京都で行なわれる伝統行事に関連した臨時列車が多い。2022年祇園祭のときは京都方から樟葉《くずは》行きを夜間に運行した。コロナ禍前は祇園祭に合わせて大阪〜京都間を走る臨時特急の設定があっただけに、現状を少々さびしく感じる京阪ファンも多いことだろう。

競馬ファン向けに臨時列車を設定するのは**阪急**だ。阪急今津北《いまづきた》線仁川《にがわ》駅近くには中央競馬の阪神競馬場がある。重賞レースになると仁川発大阪梅田行き臨時急行が走り、多くの競馬ファンの利便性を確保している。

この臨時急行は今津北線の甲東園《こうとうえん》、門戸厄神《もんどやくじん》は通過する。定期列車で両駅を通過する列車は存在しないため、趣味的にも興味深い列車である。

名人芸で臨時ダイヤをさばくのが**阪神**だ。阪神の観光名所といえば甲子園駅にある阪神甲子園球場が真っ先に思い浮かぶだろう。

プロ野球の試合開催に合わせて大阪梅田発着の臨時特急を運行するのだが、試合開始時刻は事前に決まっているからダイヤは組みやすい。問題は試合終了時だ。当然、試合終了時刻は試合展開によって変わるため、臨機応変にタイミングよく臨時列車を運行しなければならない。

そこで、甲子園駅の駅員は試合開始直後から球場に実際に出向き、観客の入りを確認しながら臨時列車を出すタイミングを考える。そして、駅にあるテレビを見ながら試合状況をチェックし、さまざまな状況を勘案《かんあん》したうえで駅長が最終判断を下すのだ。

甲子園駅は始発駅ではなく中間主要駅のため、待機できる列車の本数はおのずと限られる。そのため、西宮駅や10キロ以上離れた石屋川《いしやがわ》車庫にも臨時列車に使う列車を待機させる。また、待機場所から甲子園駅までの所要時間も考慮する必要があり、なかなか頭を使う作業だ。

ちなみに、高校野球は基本的に朝から晩まで試合を連続して行なうため、プロ野球のように一気に観客が駅に押し寄せることは少ない。そのため、臨時列車も集中して運行することはあまりない。

南海は団体臨時列車の運行が目立つ。それも鉄道ファンや子どもが喜びそうな企画ばかりだ。

たとえば、2021（令和3）年12月25日にクリスマス企画として特別ツアーを開催。なんと加太《かだ》線で走る「めでたいでんしゃ」（108ページ参照）シリーズ計8両が1編成となり、難波駅に入線したのだ。カラフルな編成は多くの人々の注目を集め、SNSでも盛り上がった。

コロナ禍前よりも臨時列車の設定は減ったものの、少しずつではあるが復活している。いずれは、コロナ禍前の水準に戻るのではないだろうか。

支線の「ワンマン運転」、各社の導入・拡大は?

昭和の時代、関西大手私鉄とワンマン運転はまったくといっていいほど縁がなかった。いくら地方ローカル線であっても、きちんと車掌さんがいたものだ。ところが現代となっては、大手私鉄であっても支線でのワンマン運転はもはや当たり前になりつつある。

具体的に各社の実態を見ていく前に、鉄道におけるワンマン運転の方法を確認しておきたい。

近鉄の一部路線を除き、関西大手私鉄のワンマン運転では車掌は乗車せず、きっぷの確認や精算業務は駅で行なう。そのため、路線バスのように車両に運賃箱は設けていない。このようなワンマンは一般的に「都市型ワンマン」と呼ばれる。

ワンマン運転の目的は人件費のカットである。また、今後は少子高齢化にともなう労働人口の不足により、さらに拡大することだろう。

関西大手私鉄でもっとも早くワンマン運転を始めたのは**近鉄**だ。現在は四日市あすなろう鉄道が運営する内部《うつべ》線・八王子線が先駆となり、開始年は1989（平成

●5社のワンマン運転導入状況●

路線名		区間	キロ程
近鉄	田原本線	西田原本～新王寺	10.1
	鈴鹿線	伊勢若松～平田町	8.2
	道明寺線	道明寺～柏原	2.2
	御所線	尺土～近鉄御所	5.2
	湯の山線	近鉄四日市～湯の山温泉	15.4
	鳥羽線	宇治山田～鳥羽	13.2
	志摩線	鳥羽～賢島	24.5
	南大阪線	古市～橿原神宮前	21.4
	生駒線	王寺～生駒	12.4
	名古屋線	伊勢中川～白塚	17.1
	山田線	伊勢中川～宇治山田	28.3
	けいはんな線	長田～学研奈良登美ヶ丘	18.8
	吉野線	橿原神宮前～吉野	25.2
南海	高野線	汐見橋～岸里玉出	4.6
		橋本～極楽橋	19.8
	高師浜線	羽衣～高師浜	1.5
	多奈川線	みさき公園～多奈川	2.6
	加太線	和歌山市～加太	12.2
	和歌山港線	和歌山市～和歌山港	2.8
京阪	京津線	御陵～びわ湖浜大津	7.5
	石山坂本線	石山寺～坂本比叡山口	14.1
	交野線	枚方市～私市	6.9
	宇治線	中書島～宇治	7.6
阪急	今津線	今津～西宮北口	1.6
	甲陽線	夙川～甲陽園	2.2
阪神	武庫川線	武庫川～武庫川団地前	1.7

*2022年3月現在。日本民営鉄道協会データより

元）年だ。

3年後には、20メートル一般車が走る田原本《たわらもと》線がワンマン化された。その後、順々にローカル線がワンマン化され、2004（平成16）年には大幹線の名古屋線伊勢中川～白塚《しらつか》間にもワンマン化の波が押し寄せた。

もっとも、ワンマン運転の対象になったのは2両編成の普通列車である。直近《ちょっきん》

では2022（令和4）年4月ダイヤ改正にて吉野線全線がワンマン運転となった。

次に早いのは**南海**である。1995（平成7）年に、現在は和歌山電鐵が運営する貴志川《きしがわ》線で開始した。

貴志川線ではそれまで戦前の非冷房車が幅を利《き》かせていたが、ワンマン運転の開始と同時に全列車が冷房車となり、大幅にサービスが向上。2000（平成13）年に汐見橋《しおみばし》線がワンマン運転化されて以降、順々に支線に拡大した。

2005（平成17）年には高野線橋本〜極楽橋間にもワンマン運転が導入され、これを機に難波発の急行は橋本止まりが基本となった。

阪急がワンマン運転を導入したのは1998（平成10）年と意外に早い。今津南線、甲陽《こうよう》線で始まったが、これ以降、他路線への導入は進んでいない。

今津南線・甲陽線の特徴は、路線距離が短く、各駅とも直線上にあることだ。さらにピストン輸送の普通列車しか運行されない。この3点を満たす路線はほかに阪急にはなく、ワンマン運転にかんしてはこのまま推移するのではないだろうか。

阪神は2000（平成12）年、武庫川線に導入した。同線は阪神本線とは運行形態が切り離されており、ワンマン運転の導入はそれほど困難ではなかったのだろう。逆にいうと、近鉄電車が乗り入れる阪神なんば線での導入はまず考えられない。

意外にも、関西大手私鉄でもっともワンマン運転の導入が遅かったのは**京阪**である。2002（平成14）年の京津《けいしん》線が最初だ。以降、順々と拡大し、現在では幹線にあたる京阪本線・鴨東《おうとう》線・中之島線以外はすべてワンマン運転で運行される。

ところで「ワンマン運転」と聞くと自動放送を思い浮かべる方も多いだろう。しかし、令和になってワンマン運転でない路線でも自動放送化が進んでいることから、今後はワンマン運転も、車掌がいるツーマン運転も、さして区別がつかなくなるのかもしれない。

さらに、全国を見渡すと新交通システムや地下鉄を除く一般路線において自動運転の実験が始まっている。関西大手私鉄では、南海が和歌山港線で2023（令和5）年度から自動運転の実証実験を行なうことを発表している。実験では、先頭車に乗務員を配置するものの、基本的に乗務員は運転操作を行なわない。果たして他社も、南海に続いて自動運転の実証実験を行なうのだろうか。

学生・生徒の「通学」を気づかう私鉄は？

関西大手私鉄のなかで、学生にもっともやさしいのはどこか？　なかなか難しい問いではあるが、ダイヤと車両に分けて考えていきたい。

ダイヤだと、**阪急今津北線**（西宮北口〜宝塚）が挙げられる。沿線には関西《かんせい》学院大学をはじめ有名私立高校・中学校がひしめき、朝ラッシュ時間帯の西宮北口発宝塚行きに乗ると学生や子どもたちでいっぱいだ。

西宮北口駅の今津北線ホームにある時刻表を見ると、他線では見かけなくなった土曜ダイヤがあることに気づく。日曜ダイヤと比較すると朝7時台・8時台の列車本数が多く、注意書きには「7・8時台の一部列車は、夏休みなど沿線学校の休校日には運転いたしません」と記されている。

公立学校では土曜日も休校日になって久しいが、私立学校は土曜日を登校日とするところが少なくない。そのため、今津北線では土曜日に登校する学生向けに、特別に土曜ダイヤを設定しているのだ。

また、阪急では学生の乗降が多い駅に学生専用改札を設けている。これは指定された学校の制服を着ている人のみ利用できる専用改札だ。

昔から朝ラッシュ時間帯に専用改札を通り過ぎる学生の一団は阪急の風物詩だが、2020（令和2）年に神戸本線王子公園駅の学生専用改札が廃止され、全体としては縮小傾向にあるといっていいだろう。

車両面で学生にやさしい会社といえば**近鉄**だろう。近鉄は伊勢志摩をはじめとする観光地を多数抱えていることから、多くの修学旅行生に利用されてきた。そこで1962（昭和37）年に修学旅行用の団体専用車「あおぞら号」が登場した。

5編成15両が大阪・名古屋～伊勢志摩方面間を走った「あおぞら号」は、オール2階建て構造になっており、小学生の「ビスタカーに乗りたい」という夢をかなえた。車内は2列＋3列の固定ボックスシートが並び、速度計、ウォータークーラーが設けられていた。1989（平成元）年に運行を終了したが、いまでも語られることの多い伝説の車両である。

近鉄では現在、修学旅行専用車両はなく、団体専用車両「楽」「あおぞらⅡ」が修学旅行運用に就《つ》いている。このうち「楽」は1990（平成2）年に登場し、両先頭車は2階建て構造、中間車両はハイデッカー構造となり眺望《ちょうぼう》が楽しめる。令和に入ってリニューアルが実施され、外観は漆メタリック塗装となった。車内は階下席と展望席にフリースペースが設けられており、より快適な旅行が楽しめるようになっている。

格差3

近鉄 南海 京阪 阪急 阪神の

車両を比較する

「快適」な通勤電車を走らせる私鉄は?

ここで定義する「通勤電車」とは、線路に平行に座席が並ぶロングシート主体の電車を指す。関西大手私鉄では、他地域と比較すると通勤電車の快適性を追求してきた。

その最たる例が**阪急**であろう。木目調《もくめちょう》の化粧板にふかふかの座席は初めて訪れた人々を大いに驚かす。もはや一種のブランドと表現してもいいだろう。その証しとして「阪急電車のデザイン」が、日本デザイン振興会の2022(令和4)年度グッドデザイン・ロングライフデザイン賞を受賞した。

座席の緑色は「ゴールデンオリーブ」と呼ばれ、見る角度によって色が微妙に変わる。表地の素材は天然素材であるアンゴラ山羊《やぎ》の毛を使用。毛足が長いため、ふわふわの座り心地《ごこち》が楽しめるというわけだ。なお、自社工場にある子会社で生地の裁断・縫製《ほうせい》から座席への設置まで、すべて手作業で行なわれている。

次に木目調の化粧板をじっくりと観察すると、ビスの頭が他車と比較して目立たないことに気づく。阪急では窓枠ビスを横留めにし、鎧戸《よろいど》のレール部分にビスを隠している。メンテナンスに手間がかかるだけに阪急の姿勢に驚嘆《きようたん》せざるを得ない。

単に伝統を継承しているだけではないということも、強調する必要がある。阪急では長らく日よけにアルミ製の鎧戸を用いてきた。

外観は銀色が鈍《にぶ》く光り、なかなか洒落《しやれ》ているが、下から上へ持ち上げるには案外重い。また、半分開けるといった細かな調整もできなかった。

そのため近年は、上から下へ降ろすフリーストップ型のカーテンを採用。とても軽く、どこでも止められるので利便性が高まった。フリーストップ型カーテンの普及が進んだ結果、現在では鎧戸型を探すほうが難しくなっている。

上質感漂う緑色で知られる阪急の座席シート

木目調の車内は、なにも阪急の専売特許ではない。**南海**では１９８５（昭和60）年デビューの９０００系のリニューアルを進め、木目調の車内へと大変身させている。

南海は９０００系リニューアルにあたり、２０１７（平成29）年に利用者と一緒に車両づくりを進めるプロジェクト「ＮＡＮＫＡＩマイトレイン」を立ち上げた。プロジェクトでは、沿線の和歌山大学講師監修のもと、社内で4種類の内装デザイン案を策定。翌年2月に内装デザイン案と座席シート、つり革に関するお客さまアンケートを実施した。

その結果、車内コンセプトが「わが家のリビングにいるような」に決定。コンセプトどおり、床は自宅のフローリングを想起させる仕様に変わった。またロングシートは、1人分ごとにブラックとグレーを使い分けてシックな雰囲気に。従来の南海電車のイメージが一新された。

２０１９年4月から９０００系1編成をリニューアルし、車体帯を特別にオレンジ色にしたうえで「ＮＡＮＫＡＩマイトレイン」として約1年間運行した。現在では９０００系の他編成にもリニューアルが施《ほどこ》され、面目《めんもく》を一新している。

車内レイアウトのアイディア勝負では、**近鉄**も負けてはいない。２０００（平成12）年、奈良線と京都線に「シリーズ21」と称する新型通勤電車を導入した。

期間限定で運行された「NANKAIマイトレイン」

近鉄「シリーズ21」の中核車両、近鉄5820系

格差3 車両を比較する

車内は高齢化社会への対応を強く意識し、扉付近の座席に両肘掛け付きシート「らくらくコーナー」を設置した。また、シートは各人が確実に座席を確保できるようにバスケット型シートを採用し、座席幅は485ミリメートルにもなった。

そして「シリーズ21」で忘れてはならないのが、「L／Cシート」を導入している点だ。「L／Cシート」とはロングシート・クロスシート転換シートを指し、長距離運用ではクロスシート、通勤運用ではロングシートに変えられる。現在では関東大手私鉄でも見られるが、パイオニアは近鉄だ。

1996（平成8）年に試作車が登場し、翌年に登場した5800系から本格採用となった。このような試《こころ》みが評価され、鉄道友の会からローレル賞を受賞している。

ところがコロナ禍の影響もあり、近鉄では20年以上ものあいだ、新型の一般車両を導入してこなかった。それがようやく、2022（令和4）年5月に2024（令和6）年秋からの新型一般車両の導入が発表された。

座席は近鉄ご自慢のロングシート・クロスシート転換の「L／Cシート」を採用。また、ベビーカー・大型荷物に対応する座席付きスペースを日本で初めて導入する。

当初の投入線区は奈良線、京都線、橿原《かしはら》線、天理線とし、4両×10編成が製造される予定だ。もちろん、他路線への展開も予定している。新たなアイディアが利用者や社会でどのように評価されるのか。大いに期待したいものだ。

「最速」で疾走する自慢の特急車両は？

関西大手私鉄で最速を誇るのは、**近鉄**「ひのとり」である。最高時速は130キロにもなり、大阪難波《なんば》〜近鉄名古屋間を最短だと約2時間で結ぶ。表定速度は時速91キロであり、京成「スカイライナー」よりも速い。

「ひのとり」の車両性能もさることながら、走行する大阪線や名古屋線の線形が比較的良好なことも挙げられる。大阪線には30パーミルの急こう配が続く区間もあるが、時速100キロ以上の高速で突っ走るのだ。

近鉄特急の高速化に大きく貢献したのが、1988（昭和63）年登場の「アーバンライナー」21000系である。「アーバンライナー」は、私鉄で初となる最高時速120キロを実現し、名古屋〜大阪間の所要時間は2時間を切った。

1994（平成6）年には「伊勢志摩ライナー」23000系の登場により、上《うえ》本町《ほんまち》（現・大阪上本町）〜賢島《かしこじま》間で、私鉄初の最高時速130キロに達した。

●5社の代表的な車両の性能●

	形　式	運転最高速度	加速度	減速度(常用)
近鉄	5820系	110km/h	2.5～3.0km/h/s	4.0km/h/s
	80000系(ひのとり)	130km/h	2.5km/h/s	4.0km/h/s
南海	8300系	110km/h	2.5km/h/s	3.7km/h/s
	50000系(ラピート)	120km/h	2.5km/h/s	3.7km/h/s
京阪	3000系	110km/h	2.8km/h/s	4.0km/h/s
阪急	7000系	115km/h	2.8km/h/s	3.7km/h/s
阪神	9000系	106km/h	3.0km/h/s	4.0km/h/s
	5001形(ジェットカー)	91km/h	4.5km/h/s	5.0km/h/s

現在「アーバンライナー」は「アーバンライナー plus」として、最高時速１３０キロ対応となっている。

関西大手私鉄で近鉄の次に速いのは、**南海**である。南海の最高時速は時速１２０キロだが、空港線（泉佐《いずみさ》野《の》～関西空港）に限られる。１２０キロを出す車両は空港特急「ラピート」５００００系だ。

同車の設計上の最高速度は時速１３０キロとなっている。スピード感あふれるスタイルも魅力的なので、一度は時速１３０キロ運転を体験したいもの。ちなみに、南海本線の最高時速は時速１１０キロだ。

懸命に努力して、速達性の向上に努力したのが**阪急**である。阪急は神戸本線・京都本線が最高速度１１５キロ、宝塚本線が時速１００キロである。

最初に時速１１５キロを達成したのは神戸本線

だった。当初は、時速115キロを出せる7000系以降の車両を日中時間帯の特急運用に就《つ》かせるいっぽうで、朝夕のラッシュ時には3000系・5000系による特急・通勤特急運用も見られた。

京阪の最高時速は110キロだが、京阪本線の複々線区間の一部に限られる。京阪はカーブが多く、どうしても速達性ではJRや阪急にはかなわない。そうしたこともあってか、2階建て車両や、有料座席指定車両「プレミアムカー」などのサービス面でカバーする。

関西大手私鉄で最高時速がもっとも低いのは、**阪神**の時速106キロである。最高速度だけをくらべると遅く感じるかもしれないが、阪神で忘れてはならないのが普通系車両「ジェットカー」の存在である。

阪神は駅間距離が短いので、普通電車は退避駅に早く入って、優等列車に先を譲らなければならない。そこで加速・減速に優《すぐ》れた普通系車両を開発したのだ。

普通系車両の5001形の加速度は4・5キロメートル毎時毎秒、減速度は5・0キロメートル毎時毎秒。つまり、1秒間に時速4・5キロ上がる。ただし、普通系車両の最高時速は91キロ止まりである。

ここまで最高速度を比較してきたが、所要時間の短縮方法は最高速度の引き上げ以外にもある。最近よく見られる事例はATS（自動列車停止装置）の改良である。

ATSとは列車が事前に定めた速度を超過した際に、自動的にブレーキが作動するなど、安全運行に欠かせない列車制御装置だ。

たとえば、**阪急**では2006（平成18）年から改良ATSを運用している。阪急のATSでは、所定の速度を指示するATS信号をレールに流し、列車はこの信号をつねに受信する。

以前のATSでは、制御をかける照査《しょうさ》速度の上限が5段階（最高速度、時速70キロ、時速50キロ、時速30キロ、時速20キロ）に設定されていた。列車は駅に到着する際に、段階的にATSの設定速度を守る

「ジェットカー」の愛称でおなじみの阪神5001形

必要があった。つまり、駅に近づくにつれ、時速70キロまで速度を下げてブレーキを緩《ゆる》める、時速50キロまで速度を下げてブレーキを緩めるといった、段階的な運転操作が必要だったのである。

改良ATSでは、照査速度を放物線を描《えが》くように設定し、スムーズに速度を落としながら停車できるようにした。

また、古典的だが線形改良も有効だ。先ほどの神戸本線のダイヤ改正では岡本～御影《みかげ》間でカーブの線形改良が行なわれ、制限速度が時速70キロから時速90キロにアップした。

このように鉄道会社は安全性を保ちつつ、速達性を向上しようとあの手この手でがんばっている。ぜひ、最高速度の向上だけでなく、ATSの改良や線形改良などにも目を向けてみてほしい。

車両の「カラーリング」、各社のこだわりは?

関西大手私鉄は他の地域と比較すると、車両のカラーリングへのこだわりが強いように思う。その最たる私鉄が**阪急**である。阪急電車がまとう独特の茶色「マルーン色」は関西はもとより、全国に知れ渡っている。

阪急は創業時からマルーン色を守ってきたが、じつは塗装の変更も何度か検討されてきた。

１９５０年代に登場した初代１０００系では、新型をアピールすべく、設計段階で窓まわりを白色に塗装することが検討された。近年では、１９８９（平成元）年登場の８０００系を製造する際に、ステンレス車体の採用を検討したという。もし、ステンレス車体を採用していれば、少なくともマルーン色主体の塗装ではなかっただろう。いずれもマルーン色へのこだわりから、大胆な塗装変更は幸いにも（？）実施されなかった。

それでは、絶対に塗装変更を実施していないかといえば、答えは「ノー」だ。１９７５（昭和50）年登場の特急専用車両６３００系では、上部にアイボリーの帯が引かれた。アイボリー塗装の着想は、赤色の車体に鮮《あざ》やかな白屋根で知られるスイスの登山電車から。このアイボリー帯によりマルーン色が引き立ち、特急専用車両として他形式と比較すると「目立つ車両」になった。

その後、アイボリー塗装は７０００系・７３００系では見送られたが、１９８０年代末登場の８０００系・８３００系で再び採用された。

その後、リニューアルした5000系までさかのぼってアイボリー塗装が施され、現在ではマルーン一色の車両に出会うほうが難しくなっている。

阪神は、普通系車両と急行系車両で、塗装が大きく異なる。現在ではさまざまな塗装パターンが見られるようになったが、普通系車両は青系統の塗装が用いられている。いっぽう、急行系車両はオレンジ系統の塗装が施されており、全体的に明るい印象だ。

以前はもっと判別しやすく、急行系車両はクリーム色と赤色、普通系車両はクリーム色と青色に統一されていた。塗装色から、急行系車両は「赤胴車」、普通系車両は「青胴車」と呼ばれていたが、2020(令和2)年に「赤胴車」は引退した。残る「青胴車」も、近々引退する予定だ。昭和の阪神を象徴する塗装だっただけに「昭和も遠くなりにけり」と感じる人も少なくないだろう。

塗装へのこだわりでは、**近鉄**も忘れてはならない。2020年に登場した新型名阪特急「ひのとり」では、同車を象徴するメタリックレッド「ひのとりレッド」をメインカラーとした。

赤ワインのような深みのある色合いで、見る角度によって色調《しきちょう》に変化が生じる点がじつに興味深い。また、ロゴマークやアクセントラインは「プレミアムゴールド」

とし、気品ある雰囲気となっている。

いっぽう、2022（令和4）年4月に登場した観光特急「あをによし」は、日本の鉄道車両では珍しく紫色がメインカラーだ。

紫色は「冠位十二階」の最高位を表すなど、日本では高貴《こうき》な色とされてきたこともあり、高級感を演出するためにこの色を採用したという。側面には正倉院の宝物をイメージしたラッピングがなされ、まさしく「走る正倉院」といった趣《おもむき》だ。

登場から25年以上が経過してもまったく色あせないのが、**南海**の関西空港アクセス特急「ラピート」だろう。独特の外観もさることながら、深みのあるブルーは現在でも強烈なインパクトを与える。「ラピートブルー」と呼ばれるブルーは、関西空港をとりまく空と海を表すという。

「ラピート」をデザインした若林広幸氏は、同車の塗装の決定にあたり、南海にタスマニアンブラウン、南海のイメージカラーであったグリーン、そしてブルーの3色を提案した。南海は即座にブルーで決めたとされる。近年はラッピングが施されることも多い「ラピート」だが、やはりブルーがもっとも似合うように思える。

京阪は2008（平成20）年から、3種類の塗装を器用に使い分けている。特急用車両8000系は赤色・黄色の組み合わせをベースに金色の帯が入る。昭和から続く京阪特急色の伝統を受け継ぎつつ、グレードアップしたかたちだ。

ロングシートの一般車両は濃緑色・白色の組み合わせを基本とし、黄緑色の帯が入る。こちらも「緑色の電車」という伝統を受け継ぎつつ、白色を混ぜることで現代的な感覚をプラスした。

いっぽう、中之島《なかのしま》線開業時にデビューした3000系は紺色・白色をベースに銀色の帯が入り、従来の京阪電車のイメージとは大きく異なっている。紺色は淀川水系の流れをイメージすると同時に、京のれんや紺袴《こんばかま》も表している。銀色の帯と白色は、都会のときめきと石庭《せきてい》の川の流れを表す。

さて、関西大手私鉄において、あなた

濃い青色の車体が目を引く、南海50000系「ラピート」

格差3 車両を比較する

がもっとも好きな塗装はどれだろうか。好みの塗装を探しながら鉄道旅行をするのも面白いだろう。

ひときわ目立つ「ラッピング車両」は？

近年、関西大手私鉄はラッピング車両を通じて、さまざまな取り組みを行なっている。ラッピング車両の前で親子連れや若い女性が、スマホ撮影するシーンもおなじみになった。ここですべてのラッピング車両を紹介することはできないので、筆者が「面白い」と思った車両をピックアップしたい。

もっとも目立つラッピング車両は**南海**「ラピート」ではないだろうか。「鉄人28号」を思わせる独特のフォルムとラッピングの組み合わせは、迫力がある。

これまで数々のラッピングが施されてきたが、もっとも印象深かったのは2014（平成26）年9月～2015（平成27）年8月まで運行された「出逢えたらラッキー Peach×ラピート ハッピーライナー」である。

これは「ラピート」の運行開始20周年を記念し、LCC航空会社ピーチ・アビエーションとのコラボ企画であった。

ピーチの機体に準じた桃色を塗装の基色《きしょく》とし、両先頭部分は白色である。ラピートの独特な前面デザインの影響もあり、スピード感あふれる姿になった。2014年9月7日の出発式では、ピーチの客室乗務員がセレモニー列車でノベルティグッズ配布などのおもてなしをした。

コロナ禍により航空需要が落ち込むなか、ラピートも一時休業を余儀《よぎ》なくされた。今後は航空需要も復活することが予想され、ラピートと航空会社のコラボを再び見たいものである。

キャラクターを使ったラッピングなら、**阪急**が一歩リードという感じだ。阪急では人気キャラクターとのコラボレーションを継続的に展開している。2022（令和4）年8月からは、オランダ生まれの人気キャラクターであるミッフィーとのコラボをスタート。神戸本線、宝塚本線、京都本線で、ミッフィーや観光名所のイラストがラッピングされた「ミッフィー号」が登場した。

ラッピングは各線区により、登場する観光名所が異なる。内装も各線区オリジナルの仕掛けがある徹底ぶり。また、阪急系列のホテルや店舗ではコラボフードも販売し、阪急ファンだけでなくミッフィーファンも虜《とりこ》にしている。

ラッピング車両は時として、別会社かと思わせるくらい大変身するものだ。**阪神**

は2022年8月から、阪神甲子園球場100周年を記念した「阪神甲子園球場100周年記念ラッピングトレイン」を運行している。ラッピング車両は、阪神の標準塗装とはまったく異なるクリーム色と緑色という姿に。さらに甲子園球場を舞台にしたマンガのキャラクターを見ることができる。

近鉄では、2022（令和4）年12月5日から、新たなラッピング車両「ならしかトレイン」が登場する。外観はイラストレーターの「げみ」氏のオリジナル描《えが》き下ろし。近鉄奈良駅周辺の風景や鹿などが描かれ、幻想的なイラストとなる。また、車内も工夫を凝らし、シートは鹿の背中をイメージした柄《がら》で、鹿の形をあしらったつり革も設置。「ならしかトレイン」はおもに奈良線で走り、阪神の神戸三宮駅にも乗り入れる。

ラッピング車両でローカル線を盛り上げようとしているのが、**京阪**石山坂本線《いしやまさかもとせん》だ。石山坂本線は苦戦が続いている。そこで、ラッピング車両で盛り上げようと奮闘しているのだ。直近《ちょっきん》では、2022年8月に運行を開始した、大津線開業110周年記念のラッピング電車が運行している。

石山坂本線・京津線《けいしんせん》を含めた大津線《おおつせん》は1912（明治45）年に三条大橋～札《ふだ》の辻《つじ》間、翌年に大津（現・びわ湖浜大津）～膳所《ぜぜ》（現・膳所本町《ほんまち》）間で開業した。車体には過去に活躍した電車の写真が見られ、さながら走る電車博物館といった様相《ようそう》だ。

また、沿線の高校生が車内放送で大津線の魅力をPRする。沿線住民を巻き込んだラッピング列車は、多くの人に好感を持たれるだろう。

これからも「あっと驚くラッピング車両」が登場するに違いない。鉄道ファンはもちろん、あまり鉄道に興味がない方も、ラッピング車両を通じて関西大手私鉄に興味を持ってくれたらと思う。

出会えたらラッキーな「レア車両」は？

どんな分野にも存在する「レア」や「限定」には、誰でも心惹《ひ》かれるもの。そんな逸品《いっぴん》にめぐり合えたら、一日が楽しく過ごせるだろう。関西大手私鉄にも、レア品ならぬ「レア車両」がさまざま存在する。

阪神では、8000系第1タイプ（第1次車）を挙げたい。8000系は1984（昭和59）年に登場以降、1990年代まで製造され、阪神の顔として長きにわたって活躍している。

同系は大きく4タイプに分けられるが、第2〜第4タイプは前面が額縁《がくぶち》スタイル、側面は一段下降窓もしくは連続窓風になり、阪神のイメージを一新した。いっぽう、第1タイプは旧来の阪神電車に似た外装であり、武庫川《むこがわ》線に転属する車両の穴埋めとして1編成6両のみ製造された。

8000系第1タイプは側面が二段窓のままであり、旧来の阪神電車を踏襲《とうしゅう》しているが、増結・解放を実施しない固定編成として登場した。

そのため、前面には連結するための貫通幌《ほろ》や渡り板がなくなり、旧来車両と比較すると平板《へいばん》な車両になった。

しかし、1995（平成7）年1月17日、突然の悲劇がおとずれる。阪神・淡路大震災により、6両のうち3両が震災廃車になったのだ。その後、同じく仲間を失った8000系2両と新造車1両が組むことになった。新しいパートナーになった3両は、前面が額縁スタイル、中間車の側面は一段下降窓となり、大阪方3両・元町方3両で外装がまったく異なる。

山陽姫路駅には長らく乗り入れなかったが、近年は直通特急の運用に就《つ》いていることが確認されている。不運もあったが、ようやく幸運をつかんだ車両ともいえる。

震災で被災した車両は**阪急**にもある。今津北《いまづきた》線で見られる先頭車7000系7090号・7190号は、元は2200系の先頭車だった。

2200系は省エネルギーの電機子チョッパ制御の試験車両として1975（昭和50）年に登場した。電機子チョッパ制御は、半導体を利用してムダな電力を生み出さない、省エネな制御機器だ。

制御器だけでなく、車体も大きくモデルチェンジした。運転台はワンハンドルマスコンを採用するなど、次世代を見据えた車両といえる。のちにVVVFインバータ制御の試験車にもなり、後輩車両へと受け継がれた。

しかし、阪神・淡路大震災により甚大《じんだい》な被害を受け、中間車1両が廃車になってしまう。残る車両も6000系に編入され、2200系という形式は消滅。両先頭車は6000系6050号・6150号として、7000系中間車両と組んで神戸本線で活躍した。

2019（令和元）年に4両編成に短縮したうえで、大阪梅田方に7000系2両編成を連結して計6両編成になり、今日に至る。波瀾《はらん》万丈な人生（車生？）だっただけに、個人的にはひっそりと余生を送ってほしいという希望がある。

同じように改番されたレア車両として、**南海**の6200系50番台も挙げておきたい。同車はもともと8200系として1982（昭和57）年に登場し、南海では初となる界磁《かいじ》チョッパ制御を採用した。

界磁チョッパ制御は、ブレーキ時に電気を生む電力回生ブレーキの利《き》きがよいことが特徴だ。一見すると先輩の6200系と瓜二《うりふた》つだが、FRP製の縁《ふち》取りが見分けのポイントだ。

1980年代末期からは制御機器の主流がVVVFインバータ制御になったこともあり、製造は3編成にとどまった。2013（平成25）年からVVVFインバータ制御に変わり、現在の6200系50番台になっている。

京阪のレア車両7200系も3編成のみだが、後続車両に多大な影響を与えた。1995（平成7）年に、京阪初のVVVFインバータ制御車7000系の改良版として登場した。前面デザインが変わり、7000系の前面窓を大型化して、柔らかい雰囲気となっている。

また、台車間の距離を長くし、乗り心地が改善されている。先頭車は200ミリ伸ばし、運転席にゆとりを持たせた。これらの改良は、のちの後輩車両にも活かされている。

レア車両の選定にもっとも苦労したのが**近鉄**である。路線距離が長く、車両数も多いことから、線区によってレア車両がおのずと異なるからだ。ここでは、鉄道ファン以外でも判別しやすいレア車両として、南大阪線で活躍する6820系を取り上げたい。

6820系は2000（平成12）年以降に登場した、近鉄新型通勤標準車両「シリーズ21」（86ページ参照）の一員である。「シリーズ21」は奈良線では多数見られるが、軌間《きかん》1067ミリの南大阪線では2両×2編成しか存在しない。

内外装ともほかの「シリーズ21」を踏襲《とうしゅう》し、他形式との連結がよく見られる。ただしワンマン化はされていないため、道明寺《どうみょうじ》線などのワンマン化した路線には乗り入れることはできない。

このように、関西大手私鉄のレア車両は、数奇《すうき》な運命をたどっていることが多いのだ。

「観光列車」をたくさん走らせる私鉄は？

観光列車に乗ることは、大人になっても楽しいもの。関西大手私鉄でもっとも多く観光列車を運行しているのが、**近鉄**だ。

近鉄では大阪難波・京都・近鉄名古屋〜伊勢志摩《いせしま》間の「しまかぜ」、南大阪線・吉野《よしの》線を走る「青の交響曲（シンフォニー）」、そして、2022（令和4）年4月にデビューした「あをによし」がある。ここでは「あをによし」を紹介したい。

「あをによし」の走行区間はなかなかユニークだ。6便のうち、1便と6便は大阪難波～京都間を走り、近鉄奈良駅でスイッチバックを行なう。

かつて、近鉄では1992（平成4）年まで近鉄難波（現・大阪難波）と京都を大和《やまと》西大寺《さいだいじ》経由で結ぶ定期特急列車を運行していた。「あをによし」は先述の特急の再来ともいえる。また、京都駅で東海道新幹線に接続することにより、首都圏方面からの観光客を取り込めることも特徴だ。

車両自体は2021（令和3）年に引退した「新スナックカー」12200系からの改造であり、現在は19200系を名乗る。ちなみに「あをによし」には、過去にイギリスのエリザベス女王（2022年没）が乗車した車両がある。

先述したように、塗装は鉄道車両では珍しい紫色を基調として、高級感を演出。前面には天平《てんぴょう》模様にも見られる「花喰い鳥」をイメージしたエンブレムが取り付けられ、古都にふさわしい外観となっている。

内装は改造車とは思えない、まるでホテルのサロンのような雰囲気だ。1号車・3号車・4号車は2名用のツインシートが並び、家具メーカーに特注したシートが座った人を包み込む。2号車には3～4名用のサロンシートがあり、座席と通路はパーテーションで区切られ、半個室のような仕様だ。

全車両に共通しているのが、シートからの眺望《ちょうぼう》を意識している点。窓が相対的に低いため、シートに座ると通常車両よりも視野が広く感じられる。

また、近鉄奈良駅でのスイッチバックで座席転換をしなくても済むようにシートが配置されている。リクライニングシートではないが、約1時間30分の鉄道旅であれば、とくに問題はないだろう。

料金システムも独特で、乗車には普通運賃、特急料金のほかに、特別車両料金が必要だ。2名以上の利用が基本となり、ツインシートを1名で利用する場合は、自身の普通運賃・特急料金・特別車両料

大阪・奈良・京都の三都を乗り換えなしで結ぶ近鉄「あをによし」

金に加え、子ども分の特急料金・特別車両料金を払う必要がある。

同じく大阪〜京都間を走る観光列車、**阪急**の「京とれいん雅洛《がらく》」も忘れてはいけない。注目は「風流な時間を楽しむ」というコンセプトにもとづいた2号車・5号車だ。2号車には「枯山水《かれさんすい》の庭」、5号車には「京町家の坪庭《つぼにわ》」があり、車両のなかにいることを忘れさせる。

そんな「京とれいん雅洛」は、通勤電車7000系からの改造車だ。阪急ファンからすると、京都本線を走る車両でありながら、神戸本線・宝塚本線系統の車両から改造した点も興味深い。料金は特別料金不要で、普通運賃のみで乗車できる。

南海は和歌山県の橋本駅と極楽橋《ごくらくばし》駅（高野山）間に観光列車「天空」を運行する。指定席車両に乗車するには普通運賃のほかに座席指定券が必要だ。

この「天空」の特徴は、大手私鉄では唯一《ゆいいつ》、展望デッキを設けていることだろう。風をダイレクトに感じることができ、高野山の自然を満喫できる。多くの車内座席も眺望を強く意識している。また、運転室後ろに座席があり、鉄道ファンなら一度は体験したい座席だ。

南海にはプチ観光列車ともいえる「めでたいでんしゃ」シリーズがある。「めでたいでんしゃ」は計4編成あり、加太《かだ》線を中心に活躍する。

ユニークな点は「めでたいでんしゃ」で家族を形成している点にある。ピンク色の「さち」は母、青色の「かい」は父、赤色の「なな」は娘、2021（令和3）年9月にデビューした黒色の「かしら」は「さち」の兄という設定だ。

いずれも7100系からの改造車ではあるが、コンセプトはそれぞれ異なる。なかには謎解きのような車両もあるため、加太線の旅がより楽しくなることだろう。「めでたいでんしゃ」は一般の普通列車として運行されるため、普通運賃だけで乗車できる。

阪神、**京阪**は現在のところ明確に「観光列車」といえる車両は存在しない。しかし、社会情勢の変化や少子高齢化によ

景色をより楽しめるよう工夫された、南海「天空」の車内

り、各社とも新たな需要開拓が求められている。近い将来、あっと驚くような観光列車が登場するかもしれない。

「アイディア」光る車両が自慢の私鉄は？

1987（昭和62）年以前の国鉄時代は、関西でも画一《かくいつ》的な車両が多く、逆に関西大手私鉄のアイディアが光っていた。現在はJR西日本が個性的な車両を運行するようになり、関西大手私鉄のインパクトは薄らいではいるが、それでもアイディアを生み出す先取《せんしゅ》の精神は受け継がれているように感じる。

アイディア満載の大手私鉄といえば、**京阪**だろう。2021（令和3）年に引退したが、後世に語り継ぐべき名車が登場している。5扉車の5000系だ。

5000系は全国初の本格的な5扉車として、1970（昭和45）年に登場した。しかし、当時の京阪本線は、高度経済成長期を背景に慢性的な混雑に悩んでいた。

当時の京阪の電圧の事情から、1列車ごとの車両数を増やすことも難しかった。

そこで、スムーズな乗降と車内混雑の均一化を実現すべく考え出されたのが「扉を増やす」というアイディアだった。登場するやいなや、朝ラッシュ時の区間急行に投入され、威力を発揮したのである。

いっぽう、昼間時間帯になると着席サービスが求められる。5扉車は必然的に座席数が少なくなるため、昼間時間帯は不利になる。そこで一部座席を昇降式にし、朝ラッシュ時終了後に天井から座席が降りてくるようにした。

こうして、朝のラッシュ時は5扉車で運行され、それ以外の時間帯は2扉を締め切り、3扉車として活躍したのである。しかし、他車とドア位置が異なるため、駅ホームドアの導入にともない、先輩車両よりも先に引退した。

京阪といえば、特別料金不要ながら豪華な内装が特徴の京阪特急が有名だ。終着駅に着くと扉を閉め、バタンと自動的

50年にわたって活躍した京阪5000系

格差3 車両を比較する

に転換クロスシートが一斉《いっせい》に向きを変える。この自動転換クロスシートの国内初導入も京阪で、1971(昭和46)年登場の初代3000系から採用された。

「プレミアムカー」の誕生で多少地味な存在になったが、ダブルデッカー車(2階建て車両)の存在も大きい。1995(平成7)年に登場し、当初は初代3000系1編成に連結した。座席定員を増やしつつ眺望が楽しめ、しかも特別料金不要の車両として大いに注目された。のちに8000系にも導入され、現在も全編成にダブルデッカー車が連結されている。

関西で「2階建て車両」といえば、**近鉄**「ビスタカー」を思い浮かべる方も多いだろう。ビスタカーの登場は意外と古く、1958(昭和33)年のことである。当時の日本は終戦の疲弊《ひへい》から回復し、鉄道界は積極的に新型車両を登場させていた。近鉄では新たな目玉として、アメリカの大陸横断列車をモデルとした2階建て車両の構想が練られていた。

満を持して登場したのが10000系ビスタカーI世だったが、2階展望室の座席は背ずりが低く、長時間乗車には適さなかった。さらに、コンピュータ化した座席予約システムに対応できず、臨時特急での運行が主体となり、登場からわずか10年余りで廃車となった。

1959（昭和34）年登場の10100系ビスタカーⅡ世は、20年にわたり活躍し、ビスタカーの地位を確固《かっこ》たるものにした。現在活躍する30000系ビスタカーⅢ世は、1978（昭和53）年生まれである。

1990年代半《なか》ばからリニューアルされて「ビスタEX」になり、現在も伊勢志摩方面への特急運用に就く。ただし、リニューアルされたとはいえ、登場から40年以上が過ぎていることから、そろそろ後継のビスタカーを期待したいのは筆者だけではないだろう。

各社の車両たちの「第二の人生」とは？

鉄道車両も古くなれば、自動車と同じく廃車になる。電車の減価償却《げんかしょうきゃく》期間は13年と定められているが、各社ともそれよりも長期間にわたって使用している。

廃車後は解体されるのが一般的だが、なかには中小私鉄で第二の人生を歩む幸運な車両もある。

阪急の車両は、阪急阪神ホールディングスの子会社である能勢《のせ》電鉄へ移籍することが多い。能勢電鉄は宝塚本線の川西能勢口《かわにしのせぐち》駅から妙見口《みょうけんぐち》駅・日生中央《にっせいちゅうおう》駅に至り、ラッシュ時には大阪梅田駅発着の特急「日生エクスプレス」が運行される。そんな能勢電鉄の車両は、100パーセント「元阪急」だ。

最古参の車両は元阪急2000系の1700系である。2000系は1960（昭和35）年にデビューし、単独編成での引退は1992（平成4）年のこと。能勢電鉄での勤務は30年以上にもわたる。

1700系に出会ったら、床下からの音に注目したい。阪急では聞かれなくなった「ヒューボコボコ」という旧型コンプレッサーの音が聞こえる。能勢電鉄で最新鋭の車両は元阪急6000系・7000系の7200系である。

こちらは制御機器をVVVFインバータ制御に変え、車内も一新。外装は阪急時代を基本としながらも、マルーンとアイボリーのあいだに金色の線が引かれている。

近鉄は、民鉄では最長の路線網を持つだけに数多くの車両を保有するが、中小私鉄で活躍する車両は意外と少ない。近鉄から分離した鉄道会社を除くと、静岡県の大井川鐵道《おおいがわてつどう》に限られる。大井川鐵道で活躍するのが、南大阪線特急専用車両の16000系だ。

登場年は1965（昭和40）年、大井川鐵道での運行開始は1998（平成10）年である。現在はワンマン化され、金谷《かなや》～千頭《せんず》間の普通列車の運用に就く。なお当初は3編成が在籍したが、現在は1編成のみとなっている。

南海は島根県の一畑《いちばた》電車や青森県の弘南《こうなん》鉄道などで活躍した車両もあったが、現在は、元南海の和歌山電鐵を除くと大井川鐵道に限られる。

まず、南海高野線の名車「ズームカー」こと、21000系に触れないわけにはいかない。21000系は1958（昭和33）年に登場し、平野部での時速100キロの高速運転と、山間部での急こう配に対応した車両だ。現在も南海時代の緑のカラーを身にまとっている。

南海は関西国際空港の開港を契機に塗装を一新したため、緑色の電車はもう残っていない。そのため、大井川鐵道の21000系は「昭和の南海電車」をいまに伝える貴重な車両なのだ。

さらに、2020（令和2）年にやってきたのが元南海6000系だ。6000系は1962（昭和37）年に登場し、長年にわたり高野線で活躍。同車はステンレス車体を特徴とし、関西大手私鉄では珍しくなった片開きの車両だ。2021（令和3）年に大井川鐵道でお披露目式が行なわれたが、2022（令和4）年8月現在、まだ営業運転に就いていない。

京阪で昭和の名車といえば、1971（昭和46）年に登場した特急専用車両初代

３０００系ではないだろうか。２０１３（平成25）年に京阪線からは引退したが、現在は樟葉《くずは》駅近くにある商業施設「くずはモール」で保存されている。

「動いている３０００系を見たい！」のなら、富山県を走る富山地方鉄道を訪れてみよう。

富山地方鉄道に移籍した３０００系は１００３０形と名前を変え、全車オリジナル塗装になった。その後、２０１３年に３０００系ダブルデッカー車両を導入し、１００３０形１編成に組み込まれた。さらに京阪時代の塗装を復活させ、同年８月に観光列車「ダブルデッカーエキスプレス」として再登場。前面には京阪伝統の「鳩マーク」が掲出され、往年の活躍ぶりが十分に楽しめる。

２０２２年10月現在、関西大手私鉄のなかで他社での活躍が見られないのが、**阪神**である。かつては福井県のえちぜん鉄道や香川県の高松琴平《たかまつことひら》電気鉄道で活躍したが、現在では全車引退してしまった。

関西大手私鉄から他社へ移籍する際は、さまざまなハードルを越える必要がある。ハードルの１つに線路幅が挙げられる。阪急、阪神、近鉄（南大阪線・吉野線系統を除く）、京阪の線路幅は１４３５ミリメートルである。しかし、多くの中小私鉄の線路幅は１０６７ミリなので、台車を交換しなければならない。

たとえば、元京阪3000系の富山地方鉄道10030形の場合、営団地下鉄（現・東京メトロ）やJRの特急形車両の台車を利用している。また、地方線区で活躍することから、ワンマン運転にも対応しなければならない。

個人的には、他社で関西大手私鉄の中古車両をもっと見たいが、移籍はすんなりといかないのが実情のようだ。

栄光の歴史を刻んだ各社の「名車両」は？

筆者は1980年代後半生まれなので、正直なところ昭和に全盛期を迎えた車両はあまり印象にない。そこで平成初期、すなわち1990年代にバリバリ活躍していた現役車両を紹介したいと思う。

阪急では、京都本線の特急型車両6300系を取り上げたい。6300系は1975（昭和50）年に登場した。車内は片側2扉で転換クロスシートが並び、シートは上質の段織《だんおり》ゴールデンオリーブのモケットになっていた。

化粧板は他の阪急電車と同じく、マホガニーの木目模様を採用。床面は小石模様となり、登場当時の特別料金不要車両のなかでは破格の仕様であった。登場翌年に鉄道友の会からブルーリボン賞を受賞したのも、納得がいく。

6300系は長年にわたり京都本線の特急で活躍したが、2010（平成22）年に特急運用から撤退。現在は観光列車「京とれいん」、嵐山線向けの編成が存在するが、いずれも改造されており、登場当時の車内レイアウトを残している車両はない。なお「京とれいん」は、2022（令和4）年12月17日に営業を終了することが決定している。


阪神では8000系を取り上げるが、同車は製造時期により大きく4タイプに分かれる。ここでは前面が額縁の第2～第4タイプを紹介する。

第2タイプは1985（昭和60）年に登場し、阪神では初めて前面が額縁スタイルとなった。側面は阪急電車が好む大型の1枚下降窓を採用し、従来の阪神電車のイメージを一新した。車内は従来どおりロングシートだが、化粧板はアイボリー系の模様入りとなり、明るい雰囲気となっている。

第3タイプは1986（昭和61）年に登場し、冷房装置が変わった。1991（平成3）年に登場した第4タイプは側面窓が大きく変わり、連続窓風になった。また、車内には阪神では初となる車内案内表示器が設置され、車内サービスが大きく向上した。

8000系は登場当初から特急から準急まで、優等列車を幅広くカバーし、阪神電車の顔として活躍を続けている。1998（平成10）年には山陽姫路駅へ乗り入れを果たしているが、近鉄線には乗り入れない。

2002（平成14）年からリニューアル工事が行なわれ、一部の車両が転換クロスシートになった。また塗装はオレンジと白になり、伝統的なクリーム色・赤色の組み合わせは見られなくなった。

平成の**近鉄**を象徴する列車といえば、やはり名阪特急「アーバンライナー」ではないだろうか。21000系は1988（昭和63）年にデビュー。私鉄初となる時速120キロ運転を実現し、名阪間

優等列車で活躍する阪神8000系（第4タイプ）

ノンストップ特急「アーバンライナー」の顔として君臨《くんりん》する。車内外共に旧来の近鉄特急からガラリと変わり、速達性だけでなく快適性も注目された。21000系「アーバンライナー」の登場により、名阪間において近鉄利用者が増え「アーバン効果」なる新語も生まれた。

2003（平成15）年からリニューアル工事が施され、名称も「アーバンライナーplus」に変更。同時に最高時速は130キロになった。名古屋～大阪間の主役は、2020（令和2）年に登場した80000系「ひのとり」に譲り、現在は停車駅が多い「乙《おつ》特急」として名阪間を走っている。

南海は1985（昭和60）年登場の10000系「サザン」か、30000系「こうや」で迷うところだが、ここは南海本線の顔である10000系「サザン」を取り上げたい。

10000系は難波～和歌山市・和歌山港間を結ぶ特急型車両として誕生した。車内は回転式リクライニングシートとなり、特急料金に見合う内容となった。10000系で興味深いのは、製造当初からロングシートの在来車両との連結を意識していたことである。そのため他の車両と同じく20メートル車となり、前面は貫通構造を採用した。

10000系に名付けられた「サザン」という名称は、開けゆくミナミの方向性と21世紀の未来志向に由来する。現在も特急「サザン」で活躍するが、後継車両の登場により廃車も発生している。

最後に紹介する**京阪**8000系は、新型車両が登場した現在でも京阪の顔として活躍する名車である。

8000系は1989（平成元年）年に登場した。片側2扉の転換クロスシート車であり、登場当初は中間車1両が「テレビカー」となっていた。テレビカーは1954（昭和29）年から特急型車両に設けられ、貫通路上にテレビが設置されていたが、2013（平成25）年に廃止された。

8000系は、時代と共にレベルアップした車両といえる。1997（平成9）年、特急8両編成化にともない2階建てのダブルデッカー車を導入。2010（平成22）年からリニューアル車両が登場し、一部はロングシート化されたものの、さらに豪華な座席となった。

次に2017（平成29）年に、有料座席指定車両「プレミアムカー」を導入。大阪～京都（淀屋橋～出町柳）間がワンコインでリクライニングシートに座れることもあり、大きな話題となっている。

ところで、８０００系が登場して30年以上が経過するが、現在のところ京阪から片側２扉・クロスシート車両の発表はなされていない。全国の大手私鉄を見渡しても片側２扉・クロスシート車両は少なくなっている。京阪が京阪特急の伝統を引き継ぐのか否《いな》か、個人的にひそかに注目している。

格差4

近鉄 南海 京阪 阪急 阪神の

路線

を比較する

他社路線との「直通運転」が活発な私鉄は？

一般的に関西は他社との相互直通運転がさかんでないといわれているが、それでも各社実施している。

もっとも直通運転が活発な私鉄は、**阪神**だ。阪神は１９６８（昭和43）年から鉄道車両を持たない神戸高速鉄道を介して、山陽電気鉄道と相互直通運転を実施している。しかし、開始から30年間は大石《おおいし》～須磨浦《すまうら》公園間のみで実施され、なんとも中途半端な状況だった。今日のように大阪梅田～山陽姫路間で直通特急が運行を開始したのは、１９９８（平成10）年のことだ。

いっぽう、阪神は２００９（平成21）年から近鉄とも相互直通運転を実施している。実施区間は神戸三宮《さんのみや》～西九条《にしくじょう》～近鉄奈良間であり、直通運転の主役は快速急行となる。近鉄との相互直通運転の構想は以前からあったが、阪神なんば線建設の際の地元住民による反対運動もあり、なかなか実現しなかった。その後、騒音対策などを施《ほどこ》し、開業にこぎ着けた。

ところで、神戸三宮から近鉄特急で、伊勢志摩方面へ旅したいと思うのは筆者だ

●5社が直通運転を実施している区間●

事業者名	路線名	境界駅	相手事業者、路線名
近鉄	奈良線・京都線	竹田	京都市営地下鉄烏丸線
	けいはんな線	長田	大阪メトロ中央線
南海	高野線	中百舌鳥	泉北高速鉄道線
京阪	京津線	御陵	京都市営地下鉄東西線
阪急	宝塚本線	川西能勢口	能勢電鉄妙見線・日生線
	京都本線・千里線	天神橋筋六丁目	大阪メトロ堺筋線
阪神	本線・阪神なんば線	大阪難波	近鉄難波線・大阪線・奈良線
	本線・阪神神戸高速線	西代	山陽電鉄本線

*2022年3月現在。日本民営鉄道協会データより

けではないだろう。残念ながら2022（令和4）年10月現在、神戸と伊勢を結ぶ定期直通列車は存在しないが、不定期で貸切列車が運行されている。

このように直通運転が活発な阪神では、阪神本線尼崎《あまがさき》～神戸三宮間では阪神・山陽・近鉄の電車が見られ、次にどんな電車がくるのか想像するだけでも楽しい。

近鉄は、京都線・奈良線が京都市営地下鉄と、けいはんな線と大阪メトロとのあいだで相互直通運転を行なっている。

京都市営地下鉄では、烏丸《からすま》線と1988（昭和63）年から相互直通運転を実施している。当初は近鉄京都線新田辺《しんたなべ》駅までの乗り入れだったが、2000（平成12）年から近鉄奈良駅まで拡大した。しかも普通では

●大阪メトロ中央線の延伸ルート●

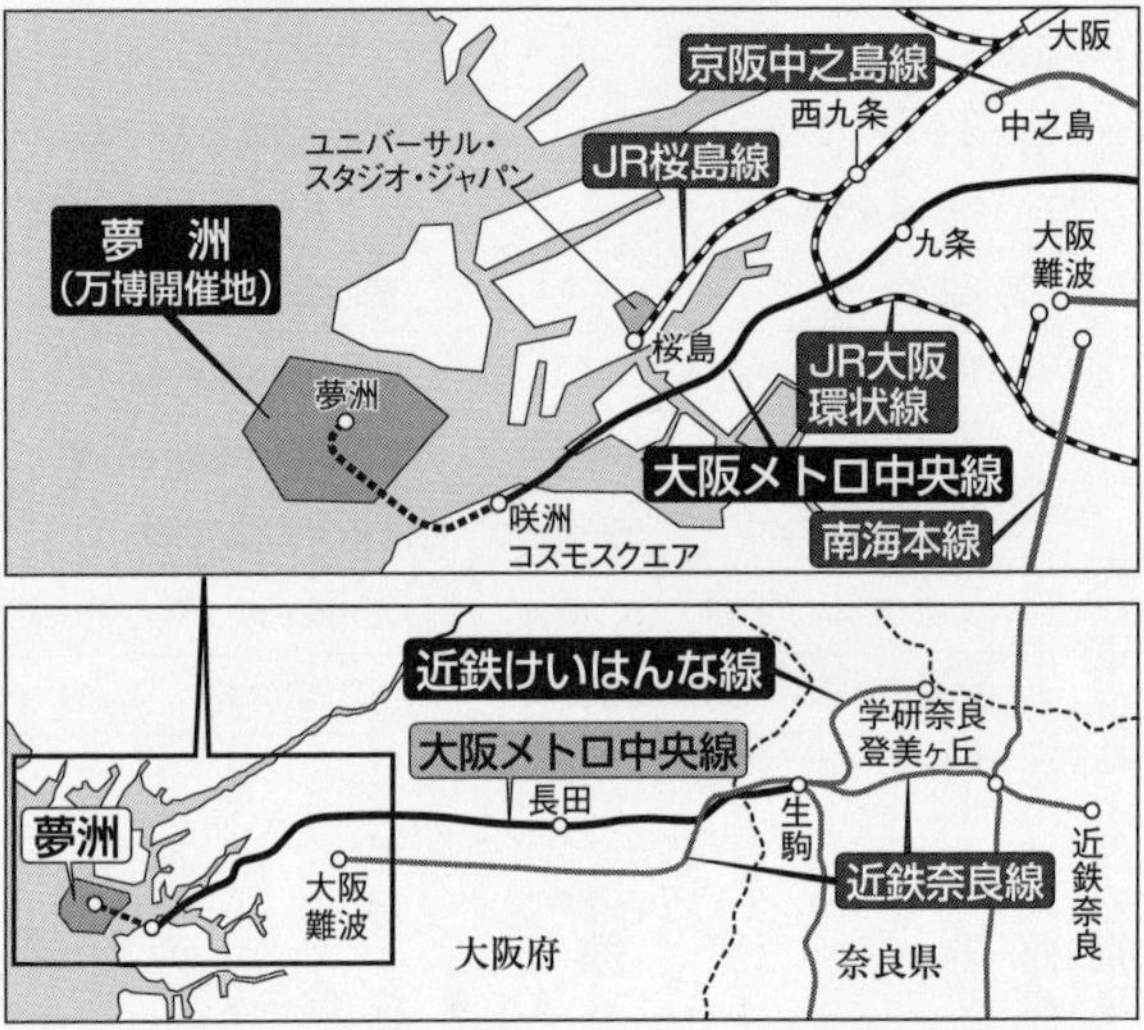

なく急行運転であり、京都～奈良間の観光輸送に使える。

大阪メトロでは中央線とのあいだで相互直通運転を実施し、大阪市内中心部を通り、コスモスクエアまで足を延ばす。大阪メトロ中央線は2025（令和7）年に開催される大阪・関西万博の会場である夢洲《ゆめしま》までの延伸が決定している。

つまり、けいはんな線～大阪メトロ中央線は、万博の重要なアクセスラインになるのだ。

阪急で最初に取り上げたいのは、京都本線・千里《せんり》線と大阪メトロ堺筋《さかいすじ》線との相互直通運転だ。大阪メトロの車両は高槻市《たかつきし》、北千里まで乗り入れる。いっぽう、阪急は高槻市、北千里発着を基本とするが、京都河原町《かわらまち》発着の準急もある。

じつは、大阪メトロの前身である大阪市営地下鉄にとって、初の相互直通運転の実施先が阪急なのだ。開始年は１９６９（昭和44）年である。過去には秋の行楽シーズンに天下茶屋《てんがちゃや》～嵐山《あらしやま》間で臨時列車が運行されたこともあった。コロナ禍の後は、このようなユニークな列車が運行されるのだろうか。

宝塚本線は能勢《のせ》電鉄とのあいだで実施。大阪梅田～日生《にっせい》中央間で特急「日生エクスプレス」が運行されている。

両者の関係で面白い存在が、能勢電鉄に在籍する６０００系1編成だ。この車両は阪急から移籍したが、車体の側面に貼られたステッカーを除くと阪急６０００系とほとんど変わらない。ほかの能勢電鉄の車両のように、ワンマン化改造も受けていない。

そのため、一般の阪急電車と共通運用であり、宝塚本線でもよく見かける。それどころか、能勢電鉄線内へは特急「日生エクスプレス」を除き乗り入れない。

京阪は、京津《けいしん》線の電車が京都市営地下鉄東西線に乗り入れるが、相互直通運転は実施していない。つまり、京都市営地下鉄の電車は、京津線には乗り入れていない

阪急と共通運用されている能勢電鉄6000系

南海と相互乗り入れを行なう泉北高速鉄道

のだ。

同線は日本屈指《くっし》の急こう配や自動車と並走する路面区間があり、並の電車では走れないのだ。そのため、特別仕様の京阪800系が、京都市営地下鉄東西線に乗り入れる。

南海は、高野線と子会社の泉北《せんぼく》高速鉄道とのあいだで行なっている。主役は区間急行や準急だが、ラッシュ時間帯には特急「泉北ライナー」が運行される。

「泉北ライナー」は、南海の車両のほかに泉北高速鉄道所属の特急型車両12000系が就《つ》き、車内はリクライニングシートが並ぶ。乗車には乗車券と共に特急料金が必要だ。外装はアメリカのゴールドラッシュをイメージした金色で、本当によく目立つ。

関西に限らず、相互直通運転を実施している路線では、さまざまな会社の電車が見られるから本当に楽しい。今後も実施路線がどんどん増えてほしいものだ。

「JRとの競合」、各社どんな強化を図っている？

昔から関西大手私鉄は、JR（国鉄）と熾烈《しれつ》な競争を繰り広げてきた。現在も両者は、よきライバルであり続けている。

まずは、それぞれの競合区間における日中時間帯の所要時間、列車本数と運賃を見ていきたい。

大阪～神戸間は北側（山側）から**阪急神戸本線**、JR神戸線、**阪神本線**の順に並走する。阪急と阪神は共に所要時間は30分前後。阪急のほうが阪神よりも少し速い。

いっぽう、JRは新快速が大阪～三ノ宮《さんのみや》間を約20分で結び、所要時間では優位に立つ。快速で約30分だ。また運賃では、阪急・阪神が共に大阪梅田～神戸三宮間320円なのに対し、JRは大阪～三ノ宮間が410円だ。

列車本数はJRが快速・新快速を1時間あたり上下各8本を運行し、複々線区間のメリットを活《い》かしている。

対して、阪急・阪神の特急系統の本数は1時間あたり各6本だ。大阪～神戸間は六甲山《ろっこうさん》系と瀬戸内海に挟まれた地域なので、中間駅から大阪へ向かう区間の競争も激しい。

たとえば、阪急岡本駅～JR摂津本山《せっつもとやま》駅間は徒歩5分ほどしか離れておらず、乗り換えによる徒歩移動も多く見かける。このような経緯から、岡本駅には1995（平成7）年から特急が停車する。

●阪神間を結ぶ「阪急・JR・阪神」3社の比較●

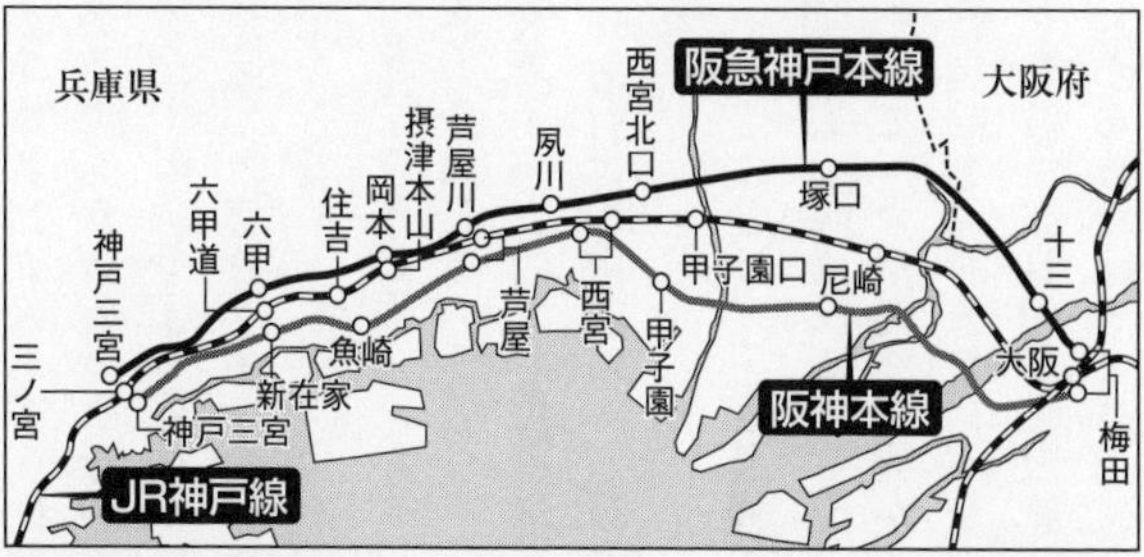

	距　離	所要時間	駅　数	普通運賃
阪　急 大阪梅田〜神戸三宮	32.3km	約30分 （特急）	16駅	320円
阪　神 大阪梅田〜神戸三宮	31.2km	約30分 （直通特急）	32駅	320円
ＪＲ 大阪〜三ノ宮	30.6km	約20分 （新快速）	15駅	410円

大阪〜京都間は淀川《よどがわ》の右岸を**阪急京都本線**、ＪＲ京都線、左岸を**京阪本線**が走る。大阪〜京都間の所要時間ではＪＲの新快速が10分以上の差をつけ、圧倒的優位に立つ。

ただし、ＪＲ京都駅から京都市のオフィス街にあたる四条《しじょう》烏丸《からすま》へは、京都市営地下鉄烏丸線に乗り換える必要がある。

また運賃は、ＪＲは阪急（大阪梅田〜京都河原町）・京阪（淀屋《よどや》橋《ばし》〜祇園四条）よりも１５０円以上も高く、四条烏丸へ向かう場合は京都市営地下鉄の初乗り運賃２２０円が加算される。

列車本数にかんして、阪急特急が1時間あたり上下各6本なのに対し、京阪特急は各4本しか運行されない。優等列車の快速急行がいちおう毎時上下各2本運行されるが、阪急やJRと比較すると少しさびしいダイヤだ。

京阪では2021（令和3）年9月に、コロナ禍後の利用実態に合わせてダイヤ改正を行ない、思いきった減便ダイヤとなった。ただし、列車本数は少ないながら京橋《きようばし》～七条《しちじよう》間をノンストップで結ぶ快速特急「洛楽《らくらく》」を運行し、京都～大阪間直通客も意識している。

大阪～奈良間は、**近鉄奈良線**とJR大和路《やまとじ》線（関西本線）が競合している。近鉄の快速急行は大阪難波《なんば》～近鉄奈良間を約40分で結び、奈良市中心部へ地下路線で乗り入れる。

そしてJRは、JR難波駅を始発とするが、日中時間帯に運行される大和路快速は同駅には乗り入れない。

そこで、大型商業施設が立ち並ぶ天王寺《てんのうじ》～奈良間を挙げる。大和路快速は天王寺～奈良間を約30分で結ぶが、奈良駅は奈良市中心部からは少し外れている。運賃は、JR難波～奈良間と大阪難波～近鉄奈良間が共に570円だ。しかし、2023年4月から近鉄は680円になる。

最後に、**南海**とJRとの関西空港輸送アクセスをめぐる競合関係を見ておこう。南海は大阪ミナミの難波と関西空港を結び、JRは天王寺、大阪キタの梅田地区からのアクセスを意識する。

両者が大阪市内で相互に乗り換えられるのが新今宮《しんいまみや》駅だ。新今宮駅から関西空港へは南海の空港急行で約40分、JRの関空快速で約50分だ。運賃は南海がJRよりも150円安い。

ここまで競合区間を機械的に比較してきたが、神戸〜大阪間の住民が大阪へ速く行きたいからJRを選択するかというと、そう単純な話ではない。筆者も阪神間に住んでいるが、多くの人が、大阪へ向かうにも場所によって鉄道会社を使い分けている。

たとえば、**阪急**・JR線沿いに住む筆者の場合、阪急大阪梅田駅近くにある商業施設「NU《ヌー》茶屋町《ちゃやまち》」へ向かう場合は、必ず阪急を利用する。しかし西梅田へは、大阪梅田駅から西梅田への移動が不便なので、JRを選択する。

つまり、私鉄ターミナル駅の近くに魅力あるスポットが増えれば増えるほど、私鉄を利用する確率が高まるのだ。

阪急阪神ホールディングスは、阪急大阪梅田駅周辺の再開発を2022（令和4）

年5月に発表。商業施設「阪急三番街」を全面改修するという。いっぽう、JRも大阪駅西側の再開発を急ピッチで進めている。どちらが魅力あるスポットになるのかで、筆者自身の阪急・JRの使用回数にも差が出るように思われる。

関西で最長の「複々線」区間をもつ私鉄は？

レールが上下線合わせて4本あることを「複々線」というが、まさしく都会の象徴といえる。関西大手私鉄にも、関東ほどの多さではないものの複々線区間が存在する。

関西大手私鉄において、もっとも有名な複々線区間は**京阪**だろう。京阪は天満橋《てんまばし》〜寝屋川《ねやがわ》信号所間12・1キロメートルが高架複々線区間となり、関西大手私鉄では最長の複々線区間となる。

原則として外側線に普通列車、そして内側線に特急などの優等列車が走るが、ラッシュ時には外側線にも区間急行が走る。日中時間帯でも、特急や快速急行が走行中に普通を追い抜くシーンが見られ、先頭車に座ると迫力満点の車両レースが楽しめる。

もし、時間があれば、普通列車のみ停車する土居《どい》駅で降りてみてほしい。駅ホームから滝井《たきい》駅、千林《せんばやし》駅、森小路《もりしょうじ》駅が見渡せるのだ。

京阪は駅間距離が短く、千林～滝井～土居間の駅間距離はそれぞれ約400メートルしかない。もともと京阪は路面電車として計画されたこともあり、駅数がとても多い。なお、土居駅は高架化・複々線化の際に設置された。当時は滝井駅よりも周辺人口が多く、駅を望む声が多かったという。

路面電車のような雰囲気を残しつつ、近代的な高架複々線というユニークな組み合わせが、京阪複々線区間の魅力だといえる。

高架複々線区間を並走する京阪電車

格差4 路線を比較する

阪急は、大阪梅田～十三《じゅうそう》間で神戸本線・宝塚本線・京都本線が並走する。正確には複々線区間というよりも、３つの複線区間が集まった3複線区間と表現するほうがいいだろう。

日中時間帯の大阪梅田駅毎時00分、10分、20分、30分、40分、50分に、神戸本線、宝塚本線、京都本線の優等列車の同時発車が見られる。マルーン色の阪急電車が3本一気に出発するシーンは、なかなか壮観だ。

ところで、複々線区間大阪梅田～十三間では神戸本線、宝塚本線には中津《なかつ》駅が存在するが、京都本線にはない。

もともと京都本線は新京阪鉄道という別私鉄の路線であり、阪急の一路線になったのは１９４３（昭和18）年のことである。当時、十三～梅田（現・大阪梅田）間において京都本線の電車は宝塚本線に乗り入れていた。

１９５９（昭和34）年に宝塚本線が複々線化されるかたちで、京都本線と宝塚本線が別々に走るようになった。この際、用地不足により中津駅が設置されなかったのだ。ちなみに、今日でも形式的には十三～大阪梅田間は、京都本線が宝塚本線に乗り入れるという解釈だ。

南海は少々複雑で、難波～岸里玉出《きしのさとたまで》間、岸里玉出～住ノ江《すみのえ》間が複々線区間となる

●5社の複々線区間●

	路線	区間	長さ(km)	走行する路線
近鉄	大阪線	大阪上本町〜布施	4.1	大阪線
				奈良線
南海	南海本線	難波〜岸里玉出	3.9	南海本線
				高野線
		岸里玉出〜住ノ江	2.8	南海本線
京阪	京阪本線	天満橋〜寝屋川信号所	12.1	京阪本線
阪急	宝塚本線	大阪梅田〜十三	2.4	宝塚本線
				京都本線※
阪神	阪神本線	大物〜尼崎	0.9	阪神本線
	阪神なんば線			なんば線

※神戸本線も併走するため事実上の三複線

が、それぞれの性格は大きく異なる。前者は阪急のように南海本線と高野《こうや》線が並走する。後者は南海本線の複々線区間となり、京阪と同じく優等列車と普通列車が別々に走る。

ただし、岸里玉出〜住ノ江間は2・8キロと大変短く、日中の時間帯は優等列車が普通を追い抜くシーンは残念ながら見られない。

近鉄も複々線区間はあるが、大阪上本町《うえほんまち》〜布施《ふせ》間4・1キロと意外と短い。この複々線区間には奈良線と大阪線の電車が走るが、コースが少々ややこしい。北から1番線と3番線が奈良線、2番線と4番線が大阪線である。

ところが、鶴橋《つるはし》駅で奈良・伊勢志摩・名

古屋方面のホームで待っていると、1番線ホームに近鉄名古屋行き特急「ひのとり」や、伊勢志摩方面に向かう特急といった大阪線の電車だけでなく、近鉄奈良へ向かう奈良線の電車も入線してくる。そのため、駅員が懸命に行先案内を行なっている。じつは、大阪難波駅始発の特急は、鶴橋駅1番線ホームに入線する仕組みになっている。いっぽう、大阪上本町駅地上ホーム始発の電車は2番線ホームに入線する。そのため、1番線ホームには近鉄奈良・伊勢志摩・近鉄名古屋へ向かう列車が混在するのだ。

鶴橋駅1番線ホームを発車した近鉄名古屋・伊勢志摩方面行きの電車は、鶴橋〜今里《いまざと》間で1番線から2番線に転線し、そのまま大阪線を東へと進む。

阪神は、尼崎〜大物《だいもつ》間が複々線区間となるが、0・9キロとひじょうに短い。阪神本線と阪神なんば線が並走するが、阪神本線神戸三宮方のレールは阪神なんば線の上下線をまたぐ。複々線区間は短いが、阪神・近鉄・山陽の電車が入り乱れるため、見ごたえは十分だ。

2022（令和4）年9月現在、関西大手私鉄にて新たな複々線計画はない。コロナ禍による利用者数の減少により、これからも新たな複々線計画は、よほどのことがない限り発表されることはないだろう。

「種別」が、わずか3種類しかない幹線は?

一般的に、大手私鉄は特急や急行といった種別が多い。なかには10種類もの種別を設定している路線もあり、ホームで困惑《こんわく》する人を見かけることもある。それでは反対に、関西にあるもっとも種別が少ない幹線はどこだろうか。

先に結論を述べると、**近鉄橿原《かしはら》線**（大和西大寺《やまとさいだいじ》〜橿原神宮前）がもっとも種別が少ない幹線である。大和西大寺駅で奈良線・京都線、平端《ひらはた》駅で天理線、田原本《たわらもと》駅で田原本線、大和八木《やまとやぎ》駅で大阪線、橿原神宮前駅で南大阪線・吉野線に接続する。

橿原線は京都線と密接な関係にある路線だ。ほとんどの特急は京都線に乗り入れ、京都〜橿原神宮前、京都〜大和八木〜伊勢志摩ルートの一翼《いちよく》を担《にな》う。終着駅の橿原神宮前駅では南大阪線・吉野線に接続する。

橿原線と南大阪線・吉野線は、線路幅が異なるので相互乗り入れはできないが、一部の京都〜橿原神宮前間の特急は、橿原神宮前駅で吉野行き特急に接続する。

このように、橿原線は大阪線や名古屋線と比較すると地味な路線だが、近鉄特急網を支える重要な路線だ。

種別は3種類（特急、急行、普通）のみだ。特急は大和西大寺、西ノ京《にしのきょう》（昼間のみ）、大和八木、橿原神宮前のみで速達性を優先する。急行は平端駅や田原本駅などにも停まり、中間主要駅を重視する。昼間時間帯は1時間あたり特急上下各2本、急行各2本、普通各3本の陣容だ。また、ラッシュ時間帯のみに運行する種別がないことも特徴だ。

昼間時間帯に種別が少ない幹線は、**阪急神戸本線**と**宝塚本線**だ。同時間帯において神戸本線は2種類（特急、普通）、宝塚本線も2種類（急行、普通）しかない。このうち、神戸本線は大阪梅田駅と神戸三宮駅というオフィス街が立ち並ぶターミナル駅を結ぶだけに、意外に思われるだろう。昼間時間帯、神戸本線では1時間あたり特急上下各6本、普通各6本が設定されている。

いっぽう、同じく大阪〜神戸間を走る**阪神本線**の昼間時間帯の種別は、4種類（直通特急・特急、快速急行、急行、普通）である。なぜ同じ阪神間でありながら、これだけ種別の数が違うのだろうか。

阪急神戸本線と阪神本線のあいだで大きく異なる点は、駅の数だ。阪急神戸本線が16駅なのに対し、阪神本線の大阪梅田〜神戸三宮間は倍の32駅もある。当然ながら、阪急神戸本線は駅間距離が長く、平均2キロにもなる。これは全国的に見ても長い。対して、阪神本線の駅間距離は平均1キロにも満《み》たない。駅数が少ないことから、普通列車でも最高時速は時速110キロにもなり、昼間時間帯における大阪梅田~神戸三宮間の所要時間は約40分だ。西宮北口~大阪梅田間の普通列車の所要時間は20分を切り、阪神本線の西宮~大阪梅田間の急行よりも所要時間は短い。

このように、普通列車が急行並みに韋駄天《いだてん》なので、昼間時間帯に急行を設定する必要性はない。なお朝夕ラッシュ時間帯は、乗降人員数が多い塚口駅、武庫之荘《むこのそう》駅に配慮するため、種別が増える。

また、近鉄橿原線と阪急神戸本線の路線距離にも注目したい。近鉄橿原線は23・8キロ、阪急神戸本線は32・3キロと、幹線では路線距離は短いほうだ。

路線距離が長くなると、必然的に短距離・中距離・長距離利用者のニーズを満たす必要があり、おのずと種別は多くなる。

いっぽう、近鉄奈良線・難波線（大阪難波~近鉄奈良）の営業距離は32・8キロにもかかわらず、昼間時間帯の種別は4種類（快速急行、急行、区間準急、普通）。しかし、奈良線・難波線の駅数は20駅以上あり、阪急神戸本線よりも断然多い。

このように見ていくと、種別が少ない路線は路線距離が短く、もしくは駅数が少ないことが条件といえそうだ。

各社の「地味だけど重要」な準幹線は？

準幹線とは「日中時間帯に特急は設定されてないが、それなりに存在感のある路線」を指す。ここでは、筆者の独断で関西大手私鉄の準幹線を紹介したい。

近鉄は民鉄最長の路線網を誇るだけに、準幹線の候補がいくつか考えられる。そのなかで紹介したいのが、**長野線**（古市《ふるいち》～河内長野《かわちながの》）だ。

長野線には急行、準急、普通が設定されているが、いずれも線内は各駅に停車する。日中時間帯でも南大阪線直通列車を設定し、大阪阿部野橋《あべのばし》駅ではつねに河内長野行き準急が見られる。大阪阿部野橋～河内長野間の所要時間は、昼間時間帯の準急で約40分だ。

ところで、河内長野駅には**南海高野線**も乗り入れる。高野線は特急が走る純然たる幹線で、難波～河内長野間の所要時間は急行で約30分だ。大阪市内～河内長野駅間だけの競争を見ると近鉄長野線の完敗のように見えるが、同線の役割はそれだけではない。

じつは、長野線は住宅地が広がる大阪府富田林《とんだばやし》市の中心地を通る。富田林駅からは市内各地へ向かう路線バスが多数設定されており、長野線は富田林市民にとって欠かすことのできない路線である。平日朝ラッシュ時間帯に、乗り換えなしで大阪阿部野橋駅まで約30分でアクセスできる富田林駅の立地は魅力的だ。

長野線のようにターミナル駅へ直通準急の設定がある準幹線といえば、**阪急今津北線**（西宮北口〜宝塚）が挙げられる。今津北線は、朝ラッシュ時間帯に宝塚発大阪梅田行きの準急が走る。

この準急は宝塚〜門《もん》戸《ど》厄神《やくじん》間は各駅に停車するが、神戸本線に乗り入れるため主要駅の西宮北口駅には停車しない。今津北線沿線からの利用はもちろんのこと、宝塚本線の優等列車よりも速いことから、宝塚駅からの利用も多い。

また、沿線には「関関同立」の1つである関西学院大学をはじめ、小林《おばやし》聖心女子学院高校、仁川《にがわ》学院高校など多数の学校が存在する。そのため、朝ラッシュ時間帯の西宮北口発宝塚行きに乗ると、6両編成の車内は学生で占《し》められ、準幹線であることを強く意識する。

休日になると、仁川駅周辺にある阪神競馬場に出向く競馬ファンが目立つ。競馬開催終了後は、仁川発大阪梅田行き臨時急行の設定もある。このように今津北線は、さまざまな顔を持つ準幹線といっていいだろう。

阪神なんば線は、阪神の飛躍を支えている路線といっても過言ではない。もともと「西大阪線」という名称で尼崎《あまがさき》～西九条間を普通が往復していた。当時は準幹線というよりも、都会を走るローカル線といった趣《おもむき》だった。

2009（平成21）年に尼崎～大阪難波間が全通し、路線名は「阪神なんば線」となった。同線の開通により、奈良・難波・神戸が結ばれ、幹線顔負けの活躍をしている。何より、利用者数の伸びがすべてを物語っている。同線の開業初年度の利用客数は1日あたり約5万8000人で、10年間で約10万人となった。

また、神戸三宮駅の利用者数も同期間に大きく増加している。いっぽう、現在のところ定期特急の設定はないため、ここでの扱いは「準幹線」だ。定期特急列車が設定され、名実共に「幹線」になる日はいつ来るのだろうか。

2000年以降、浮き沈みの激しい準幹線といえば**京阪交野《かたの》線**だろう。交野線は枚方市《ひらかたし》～私市《きさいち》間6・9キロの路線で、途中の河内森《かわちもり》駅でJR片町《かたまち》線（学研《がっけん》都市線）河内磐船《かわちいわふね》駅へ乗り換えができる。長らく交野市の足として機能し、国鉄時代は片町線の列車本数が少なかったことから、京阪の独壇場《どくだんじょう》であった。

しかし、JR発足後は片町線に「学研都市線」という愛称がつき、列車本数の増加や快速の設定など旅客サービスに努め、飛躍的に利用客を増やした。そこで京阪は2003（平成15）年に、平日ラッシュ時に京阪本線直通列車、K特急「おりひめ」と準急「ひこぼし」を新設する。

これにより、交野線沿線と大阪市中心部が1本で結ばれた。しかし、交野線の各駅ホームの長さから5両編成での運行を余儀《よぎ》なくされ、さすがに京阪本線のラッシュ時間帯には厳しかったようだ。現在は京阪本線との直通列車はすべて廃止され、枚方市〜私市間の区間普通のみとなっている。

準幹線の選定にもっとも苦労するのが、**南海**である。そのなかで**和歌山港線**（和歌山市〜和歌山港）は、特急「サザン」が運行され、「四国フェリー」を介して大阪と徳島を結ぶ使命を帯《お》びる。

しかし、「準幹線」のルール破りである日中時間帯に特急が運行されているとはいえ、列車本数が1時間あたり上下各1〜2本という現状は、やはり寂しい。また、2000年代に入り、中間駅（久保町《くぼちよう》、築地橋《つきじばし》、築港町《ちつこうちよう》）が廃止されたことから、和歌山港線を「準幹線」に指定することは厳しいように思う。

このように準幹線にもさまざまな個性、歴史があることがわかる。日帰り鉄道旅行で準幹線を利用するのも楽しいだろう。

「架線もパンタグラフもない電車」が走る路線は？

そもそも電車は、電気によってモーターを回すことで動く乗り物だ。最近はバッテリー（蓄電池）で動く「電車」もあるが、何かしらの方法で外部から恒常的に電気を取り込むのが基本だ。電気を取り込む装置を「集電《しゅうでん》装置」といい、もっとも多く見られる集電装置はパンタグラフだ。

パンタグラフは動力車の屋根にあり、ひし形や「く」の字形をしている。そして架線から電気を取り込んでいるのだ。

ところが、関西大手私鉄にはパンタグラフや架線が存在しないのに電車が走る、不思議な路線がある。それが長田～学研《がっけん》奈良《なら》登美《とみ》ヶ丘《がおか》を結ぶ**近鉄けいはんな線**である。確かに、けいはんな線を見ると他の近鉄線で見られる架線がない。それにもかかわらず、車両はディーゼルカーではなく、れっきとした電車である。一体どうなっているのだろうか。

じつは、けいはんな線では、レールの横に電気が流れる「サードレール」があるのだ。電車の台車枠の側面には金属製の板があり、これを「サードレール」に接触させることで電気を取り込んでいる。このような集電方法を「第三軌条方式」といい、おもに地下鉄で採用されている。

けいはんな線は、京阪奈《けいはんな》丘陵《きゅうりょう》での宅地開発にともなう近鉄奈良線の行き詰まりを解消するため、バイパス路線として1986(昭和61)年に生駒《いこま》〜長田間が開業。当初は「東大阪線」を名乗ったが、2006(平成18)年の学研奈良登美ヶ丘駅への延伸の際、現在の「けいはんな線」に改称している。

開業当初から、第三軌条方式の大阪メトロ中央線とのあいだで相互直通運転を実施。けいはんな線の終着駅である大阪府東大阪市の長田駅からビジネス街の本《ほん》町《まち》を経由し、大阪南港のコスモスクエア

2本のレールの横に白い「サードレール」が設置されている

駅に至る。

ちなみに、コスモスクエア〜学研奈良登美ヶ丘間は36・7キロになり、近鉄大阪線の大阪上本町〜大和八木間よりも長い。コスモスクエア〜学研奈良登美ヶ丘間の所要時間は約50分だ。

けいはんな線では専用車両として7000系、7020系が活躍する。7000系は生駒〜長田の開業時に登場した。車体は従来の近鉄の電車とは大きく異なる丸形に。また、塗装もアイボリーホワイトを基調にオレンジとブルーのラインが入り、当時の近鉄ファンを大いに驚かせた。

7000系は社会的に高い評価を得て、鉄道友の会のローレル賞を受賞。また、鉄道車両としては初めて通産省（現・経済産業省）のグッドデザイン商品に選定された。登場から30年以上が経過するが、現在もまったく色あせていない。

7020系は、学研奈良登美ヶ丘駅への延伸にともなう増備車として登場した。7000系を基本としながらも、車内は最新型通勤車両「シリーズ21」に準じた車両になっている。

ところで、大阪メトロ中央線からけいはんな線へ入ると、電車が速くなっているように感じる。それもそのはず、大阪メトロの最高速度は時速70キロだが、けいはんな線は最高時速95キロにもなる。最高時速95キロは、国内の第三軌条方式を採用している路線では最速になる。

東大阪線開業時は、近鉄側も最高時速70キロであり、大阪市内への所要時間は奈良線経由と比較しても変わらなかった。そのため近鉄は、なんとしてでも所要時間を短縮したかったのだ。２００６（平成18）年に最高速度の引き上げが実現し、所要時間の短縮と相成《あいな》った。

今後、けいはんな線は、近鉄が大きく飛躍するきっかけとなる路線になるかもしれない。

近鉄は、大阪・関西万博後の夢洲における総合型リゾート（ＩＲ）計画を見越して、近鉄沿線各方面から、けいはんな線・大阪メトロ中央線への直通列車の設定を検討している。国内では第三軌条方式と架線式のあいだを走る直通列車はない。そのため、台車枠に取り付ける新型の集電装置の開発に着手し、２０２２（令和４）年5月には試作品の完成を発表した。

もし、このプロジェクトが成功すれば、奈良・伊勢志摩〜夢洲間の直通特急が実現するかもしれない。関西大手私鉄唯一《ゆいいつ》の第三軌条方式の路線は、私たちに夢と希望をもたらす路線でもあるのだ。

4両編成の電車が「道路を走る」路線は？

関西大手私鉄で、道路の上を走る路面区間が現存するのは**京阪**だけだ。とはいっても、路面電車タイプの車両が走るわけではなく、一般的な電車が道路を走る。路面区間は、京津《けいしん》線上栄町《かみさかえまち》～びわ湖浜大津、石山坂本《いしやまさかもと》線びわ湖浜大津～三井寺《みいでら》間である。

全国的にとくに有名なのが、京津線の路面区間だ。

なにしろ、4両編成の電車が道路をゆっくり走っている。軌道法では4両編成の電車が道路を走ることは許されないが、当該区間は「特例」として認められているのだ。京津線は、びわ湖浜大津～御陵《みささぎ》間を結び、御陵駅からは京都市営地下鉄東西線に乗り入れる。

京津線は急こう配もあることから、さまざまな場面に対応できる万能車両800系が活躍。そのため、京都市営地下鉄の車両が路面区間を走ることはない。いっぽう、石山坂本線は可愛らしい2両編成の電車が道路を駆け抜けていく。

京都市営地下鉄東西線が開通した1997（平成9）年10月まで、京津線はクルマと並走しながら、京津三条駅まで乗り入れていた。京津三条～四宮《しのみや》間の区間で、普通に路面電車タイプの丸型車体80型が用いられ、そのユーモラスな車体が三条通りを走る姿は、京都の風物詩の１つであった。

現在も石山坂本線で活躍する６００形と７００形は準急運用に就き、道路上に設けられた駅「電停」はすべて通過した。しかし、路面区間の渋滞・保安問題から京津三条～御陵間は地下鉄東西線に置き換わった。

さて、京阪以外の他社については、現在は路面区間はない。しかし、かつては路面区間が存在したところが意外と多いのだ。ここでは１９６０年代以降に限っ

京津線の路面区間を走る京阪800系

て、各社に存在した路面区間を見ていこう。

阪神は、1975（昭和50）年まで路面区間があり、全盛期には全長約26キロもあった国道線、阪神甲子園球場の横を通った甲子園線、天六《てんろく》（天神橋筋《てんじんばしすじ》六丁目）まで乗り入れていた北大阪線が存在した。

このうち国道線は野田から国道2号線を通り、西灘《にしなだ》を経て東神戸電停まで運行していた。大阪と神戸を結ぶというよりは、阪神本線の駅と沿線の電停を結ぶ役割に徹していた。

東神戸電停周辺には神戸市電の電停があり、国道線と神戸市電の線路は一応つながっていた。定期直通列車はなかったものの、神戸市電の花電車が国道線に乗り入れ、芦屋《あしや》市内まで運行したという。

しかし、自動車の増加にともない、利便性は大きく低下。末期には40～50分間隔の区間もあり、およそ大都市圏間を走る路面電車とは思えないダイヤになった。

阪神路面区間の目玉は「金魚鉢」の愛称で親しまれた71形、91形、そして201形だ。一時期はパンタグラフを付けて、武庫川線や尼崎海岸線で活躍したこともある。現在は尼崎市内の水明《すいめい》公園などで保存されている。

路面区間の長さでは、**南海**もなかなかのものだった。現在の阪堺《はんかい》電気軌道上町《うえまち》線・阪堺線は、かつては南海の一路線だった。１９８０（昭和55）年に、経営合理化の一環として子会社「阪堺電気軌道」を設立し、経営分離を行なった。経営分離と同時に平野《ひらの》線（今池《いまいけ》～平野）が廃線となった。

上町線・阪堺線はすっかり阪堺色が身につき、新型車両も登場していることから南海時代も薄れつつある。しかし、昭和初期の古豪モ１６１形１６１号車は、南海時代の塗装を身にまとい、いまでも元気に活躍している。

南海は１９８０年以前に、和歌山市内にも路面区間を保有していた。それが和歌山市内を網の目のように結んでいた和歌山軌道線である。和歌山軌道線は経営

阪堺線を走るモ161形。製造されたのは昭和3年

主体がコロコロと替わり、南海の一路線になったのは1961（昭和36）年のことだ。しかし、そのわずか10年後に廃止され、和歌山市内から路面電車が消えたのである。

近鉄は、奈良線油阪《あぶらさか》〜奈良間が路面区間であり、京阪京津線と同じく一般的な電車が道路を堂々と走っていた。しかし、1960年代になると車両の大型化と自動車の増加により、双方《そうほう》の安全運転が難しい状態に。さらに、奈良駅は大型車4両しか入線できず、運用上の課題となっていた。1969（昭和44）年に奈良駅の地下化と新大宮駅の新設が完成し、路面区間は廃止となった。

このように、1960年代から自動車の普及により大都市圏で路面電車が次々と廃止になって、関西大手私鉄の大半の路面区間も姿を消した。

現在は環境面から「路面電車復権」が叫ばれているが、再び関西大手私鉄に路面区間が復活することは、さすがにないだろう。

「正式線名」が知られていない路線とは？

関西大手私鉄には、正式線名がまったく知られていない例がある。正式な書類や交通案内を作成する際に注意したいところだ。

その最たる例は、**京阪鴨東《おうとう》線**ではないだろうか。鴨東線は三条～出町柳《でまちやなぎ》間2・3キロの路線だが、京阪本線と一体運用となっている。起点の三条駅でもとくに鴨東線を意識させる案内はなく、ほとんどの乗客は京阪本線と別路線であることに気づかないだろう。

鴨東線は1989（平成元）年に開業した。それまでの京阪本線の終着駅は三条駅であり、1987（昭和62）年以前の東福寺《とうふくじ》～三条間は地上線を走行していた。この地上線は鴨川《かもがわ》に沿って走り、風光明媚《ふうこうめいび》の景色が楽しめたという。しかし、京都市都心部における踏切解消を目的に地下化され、それと合わせて鴨東線が開業した格好だ。

鴨東線は地味ではあるが、京都市内の鉄道網では重要な役割を果たしている。まず、同線の開業により、出町柳駅始発の八瀬《やせ》・鞍馬《くらま》へ向かう叡山《えいざん》電鉄と京阪線が結ばれた。

京都市電なきあと、叡山電鉄はどこの鉄道路線とも連絡がない、離れ小島のような存在だった。鴨東線の開業により大阪からのアクセスが大きく改善されたわけで、叡山電鉄から見ると、鴨東線は「渡りに船」といった感じだろうか。

もう1つが**近鉄難波線**である。近鉄難波線は大阪上本町〜大阪難波間を結ぶ2・0キロの路線だ。開業は1970（昭和45）年、大阪万博に合わせてつくられた。中間駅の近鉄日本橋《にっぽんばし》駅で、大阪市営地下鉄（現・大阪メトロ）堺筋《さかいすじ》線と接続。万博開催時は近鉄日本橋駅から1本で、万博会場の最寄り駅までアクセスできた。難波線は基本的に奈良線と一体運用を行なっているが、名古屋・伊勢志摩へ向かう大阪線の特急も走る。また、大阪難波駅以西は阪神なんば線が延び、「近鉄難波線」を前面に出せば、かえって利用者は混乱するだろう。路線ナンバリングは「A難波線・奈良線」と奈良線とセットになっている。

ここまでは、正式線名が名前負けしている例を取り上げたが、なかには誰もが知る有名路線にもかかわらず、一部区間は愛称のほうが有名なユニークな路線もある。それが**南海汐見橋《しおみばし》線**だ。汐見橋線は、阪神桜川《さくらがわ》駅近くにある汐見橋駅と岸里玉出《きしのさとたまで》駅を結ぶ4・6キロの路線。大阪市内を走っているにもかかわらず、電車は30分に1本しかこない。2両編成の電車が行ったり来たりしている。

さて「汐見橋線」という路線名はあくまでも愛称であり、正式には「高野《こうや》線」（汐見橋〜極楽橋）の一部である。高野線といえば、言わずと知れた南海を支える一大路線であり、難波駅には高野線の電車が次々と発車する。

反対に極楽橋・橋本からの電車は、汐見橋方面には乗り入れないどころか、岸里玉出駅で高野線と汐見橋線は分断されている。これは一体、どういうことなのだろうか。

もともと、南海高野線の前身である高野鉄道の大阪側の始発駅は道頓堀《どうとんぼり》駅（現・汐見橋駅）であった。1922（大正11）年に南海高野線になり、その後、全列車が難波駅発着となった。難波乗り入れにともない、岸里玉出駅の前身にあたる旧岸《きし》ノ《の》里《さと》～汐見橋間は衰退した。

1985（昭和60）年に、旧岸ノ里駅付近の高架化事業により、高野線は旧岸ノ里駅を境に分断。このとき、旧岸ノ里駅以北に愛称「汐見橋線」が名付けられ

「都会のローカル線」といった趣がある南海汐見橋線

たのである。

このように、現在では静かな佇《たたず》まいを見せる汐見橋駅だが、改札口上には昭和30年代風のレトロな沿線地図がある。ぜひ汐見橋駅を訪れ、レトロな地図を見ながら同駅の栄枯盛衰《えいこせいすい》を感じてもらいたい。

「廃線」が危惧される赤字ローカル路線は？

コロナ禍により、関西大手私鉄に限らず、鉄道利用者が大きく減少している。当然のことながら、鉄道利用者が減ると会社の経営に直結する。

最終的には、いままでどうにか持ちこたえていた赤字路線も、手放す必要が出てくる。実際に2021（令和3）年から、全国的に地方ローカル線の存廃《そんぱい》も含め、社会的な議論となっている。

では、関西大手私鉄で廃線予定の路線はあるのだろうか。幸いなことに2022（令和4）年9月現在、廃線予定の路線はない。それでも「なかなか厳しいのでは」と思う路線もないわけではない。

たとえば、**京阪**の京津線（御陵～びわ湖浜大津）と石山坂本線（石山寺《いしやまでら》～坂本比叡《ひえい》山口《ざんぐち》）の総称である大津線が挙げられる。大津線は京阪本線・鴨東線とは別形態だが、大阪・京都から大津市内への交通ルートの一翼を担っている。

京津線は御陵駅から京都市営地下鉄東西線に乗り入れ、三条京阪《さんじょうけいはん》駅を経て太秦《うずまさ》天神川《てんじんがわ》駅まで至る。びわ湖浜大津駅が大津線のターミナル駅となり、京津線と石山坂本線が乗り入れる。

沿線には三井寺《みいでら》や琵琶湖遊覧船など観光名所が点在するが、利用状況は芳《かんば》しくない。大津線の年間輸送人員は、1974（昭和49）年にピークを迎えたが、コロナ禍前の2019（令和元）年時点でも、約60パーセント減少している。

平日の1日平均乗降利用者数（2019年度）は、石山坂本線1位の京阪石山駅で7900人であった。参考までに記すが、京阪石山駅に隣接するJR西日本の石山駅は、乗車人員だけでも2万人近くになる。

当然のことながら収支は赤字続きで、一時期は分社化の話も持ち上がった。現在は、独自施策を打っている。たとえば、コロナ禍前には「おでんde電車」などの多彩な企画を実施。旅行会社を介さなくても完売が相次ぎ、手ごたえを感じていた。

また、比叡山ケーブルカーとの統一ラッピング電車を運行するなど、あの手この手で頑張っている。今後は大津線を通じて京都市内の観光客を琵琶湖観光に誘引《ゆういん》することが課題になるだろう。

民鉄最長の路線距離を持つ**近鉄**も、多数の地方ローカル線を運営する。2000年代には、伊賀《いが》線や養老《ようろう》線などの赤字ローカル線を他会社に経営移譲した。現在は新たな廃線は予定していないが、近年のダイヤ改正を見ると、厳しさはひしひしと伝わる。

2021年7月のダイヤ改正では、御所《ごせ》線（尺土《しゃくど》〜御所）の10時台〜14時台の列車本数が1時間あたり4本から2本に、田原本《たわらもと》線（西田原本〜新王寺《しんおうじ》）では1時間あたり2本の時間帯が拡大されるなど、減便が相次いだ。2023（令和5）年春には運賃値上げが予定されているだけに、今後の利用客数の動向が気になるところだ。

大手私鉄といえども安閑《あんかん》としてはいられない時代。関西大手私鉄各社はどのようにハードルを乗り越えるのだろうか。

格差5

近鉄 南海 京阪 阪急 阪神の駅を比較する

5社別「乗降人員」が多い駅・少ない駅は？

関西大手私鉄5社には、大小さまざまな駅が存在する。ここでは各社別に、利用者が多い駅、少ない駅を見ていきたい。

阪急の乗降人員（2021年通年平均）によると、もっとも乗降人員が多い駅は大阪梅田駅の34万9521人だ。2位が西宮北口駅、3位が神戸三宮《さんのみや》駅となり、神戸本線の駅が続く。

4位は京都本線の烏丸《からすま》駅、6位には同線の京都河原町《かわらまち》駅がランクインしており、京都側が分散型ターミナルであることがわかる。

もっとも乗降人員が少ないのは、今津《いまづ》南線の阪神国道駅で3156人。ここ数年は最下位である。1キロメートル圏内に西宮北口駅と今津駅があることが大きいと考えられる。

阪神国道駅と最下位を争っているのは、千里線の柴島《くにじま》駅だ。柴島駅は2019（令和元）年の調査では下から2番目だった。この駅は大阪市内にあり、特急停車駅の淡路《あわじ》駅と交通の要所である天神橋筋《てんじんばしすじ》六丁目駅のあいだに位置する。

●5社の1日あたり平均駅乗降人員ランキング●

		乗降人員が多い5駅	乗降人員		乗降人員が少ない5駅	乗降人員
近鉄	1	大阪阿部野橋	134,925	1	西青山	3
	2	鶴橋	124,506	2	沓掛	13
	3	大阪難波	101,192	3	五知	15
	4	近鉄名古屋	80,878	4	穴川	27
	5	京都	63,506	5	白木	31
南海	1	難波	168,849	1	紀伊神谷	8
	2	新今宮	75,947	2	上古沢	14
	3	天下茶屋	60,449	3	紀伊細川	20
	4	堺東	49,980	4	下古沢	26
	5	三国ヶ丘	33,035	5	極楽橋	39
京阪	1	京橋	173,769	1	大谷	372
	2	淀屋橋	110,720	2	穴太	918
	3	枚方市	96,604	3	近江神宮前	1,317
	4	寝屋川市	64,411	4	粟津	1,372
	5	樟葉	60,402	5	瓦ヶ浜	1,500
阪急	1	大阪梅田	349,521	1	阪神国道	3,156
	2	西宮北口	78,383	2	松尾大社	3,582
	3	神戸三宮	77,001	3	柴島	3,751
	4	烏丸	57,182	4	大山崎	4,669
	5	十三	52,424	5	崇禅寺	5,032
阪神	1	大阪梅田	139,139	1	洲先	1,497
	2	神戸三宮	93,101	2	東鳴尾	1,583
	3	甲子園	46,116	3	住吉	2,392
	4	尼崎	45,850	4	久寿川	3,941
	5	西宮	41,838	5	西灘	4,688

*2021年(京阪のみ2019年)調べ。各社ホームページ、大阪府統計年鑑などを参考に作成

これだけ聞くと、乗降人員も多いように思えるだろうが、柴島駅周辺は淀川《よどがわ》に近く、柴島浄水場もあることから住宅地区の規模はそれほど大きくない。京都本線の崇禅寺《そうぜんじ》駅も近くにあることから、利用者はおのずと限られるのだ。現に柴島駅は淡路〜天下茶屋《てんがちゃや》間で唯一、準急が通過する駅でもある。

阪神の乗降人員（2021年11月の1日平均）も、第1位は大阪梅田駅の13万9139人だ。2位は神戸三宮駅だが、3位はなんと、甲子園駅がランクインする。甲子園駅は言わずと知れた阪神甲子園球場の最寄《もよ》り駅。駅周辺には商業施設「ららぽーと甲子園」もあり、試合がない日でも親子連れで賑《にぎ》わう。また、ライバルのJR・阪急の駅から離れている点も大きい。

もっとも乗降人員が少ないのは、武庫川《むこがわ》線の洲先《すざき》駅だ。1面1線のホームがあるなんの変哲《へんてつ》もない駅だが、1984（昭和59）年までは武庫川線の終着駅だった。洲先駅と北隣《きたどなり》の東鳴尾《ひがしなるお》駅のあいだは約400メートルしかなく、阪神でもっとも短い駅間距離となっている。これも同駅の乗降人員が少ない要因だろう。

近鉄の乗降人員（2021年11月9日調査）は、第1位が南大阪線の始発駅、大阪阿部野橋《あべのばし》駅の13万4925人となる。以降、鶴橋《つるはし》駅、大阪難波駅が続く。大阪阿部野橋駅が南大阪線の集約型ターミナル駅であるのに対し、難波線・大阪線は大阪難波駅、大阪上本町《うえほんまち》駅、鶴橋駅と分散型ターミナル駅を持ち、乗降人員がばらける結果になった。

いっぽう、もっとも乗降人員が少ない駅は、大阪線西青山《にしあおやま》駅の3人だ。西青山駅は青山高原の玄関駅にあたり、駅周辺は木々で覆《おお》われている。駅東側には近鉄最長の新青山トンネルがある。

乗降人員が極端に少ないが、日中時間帯であっても1時間ごとに上下各1本の列車が停車する。大阪上本町駅からの列車も多いので、比較的気軽に訪問できる秘境駅といえよう。

京阪の乗降人員（2019年度1日）第1位は、JR大阪環状線、学研都市線（片町線）、大阪メトロ長堀鶴《ながほりつる》見緑地《みりょくち》線との

近鉄全286駅のなかで乗降人員がもっとも少ない西青山駅

接続駅である京橋駅で、17万3769人である。

第2位は、京阪本線の始発駅である淀屋橋《よどやばし》駅の11万720人だ。淀屋橋駅は大阪メトロ御堂筋《みどうすじ》線に接続する。大阪側の主要駅は淀屋橋駅、北浜駅、天満橋《てんまばし》駅、京橋駅だが、乗降人員が10万人を超えるのは、淀屋橋駅と京橋駅のみになる。

もっとも乗降客数の少ない駅は京津線大谷《おおたに》駅で、乗降人員は370人程度だ。大谷駅は京都府・滋賀県の府県境近くにある逢坂山《おうさかやま》にあり、40パーミルの急こう配上にある。また、駅周辺にはかつて官営鉄道旧東海道本線が存在した。

南海の乗降人員（2021年度1日平均）の第1位は、難波駅の16万8849人だ。2位はJR大阪環状線との乗り換えが便利な新今宮駅だが、7万5947人と難波駅に圧倒的な差をつけられている。つまり、大阪側のターミナル駅は難波駅と断言していいだろう。

南海でもっとも乗降人員が少ない駅は、高野線紀伊神谷《きいかみや》駅の8人だ。同駅は橋本～極楽橋《ごくらくばし》間の山岳路線上にあり、同駅に乗り入れる車両は17メートル車に限られる。山間にあり、秘境駅の雰囲気がたっぷりと楽しめ、日中時間帯も近鉄西青山駅と同様に、1時間あたり上下各1本が停車するので、比較的アクセスしやすい。

ところで、南海の乗降人員ランキングで92位の汐見橋《しおみばし》線木津川《きづがわ》駅は大阪市内にある。同駅から2キロ圏内には新今宮駅があるが、乗降人員は130人だ。駅周辺には木津川が流れ、倉庫群が目立つ。遠くに商業施設「あべのハルカス」が見えるが、日中時間帯は時が止まったような感覚に陥《おちい》る。

かつて、木津川駅がある汐見橋線はメインルートであった。紀伊山地で伐採《ばっさい》した木材を木津川駅まで運び、そこから渡し船に載《の》せ替えていた。そのため、現在でも木津川駅構内には、草に埋もれながらも貨物ヤード跡が残っている。

コロナ禍により、乗降客数第1位の駅も軒並《のきな》み乗降客数を減らした。今後、コロナ禍前まで、どの程度戻るのだろうか。

各社の「ターミナル駅」、注目すべき点は?

関西大手私鉄と関東の大手私鉄を比較すると、関西は他社との相互直通運転が少ない代わりに、立派なターミナル駅を持つところが多い。

関西でもっとも有名なターミナル駅といえば、**阪急**の大阪梅田駅が挙がるだろう。10面9線からなる行き止まり式の頭端《とうたん》式ホームで、横にずらっとマルーン色の阪急電車が並ぶ姿は壮観である。

ホームは1～3号線が京都本線、4～6号線が宝塚本線、7～9号線が神戸本線だ。各線には乗車用ホームと降車用ホームがあり、ラッシュ時であってもスムーズに乗客をさばく。

発車時には神戸本線は海、宝塚本線は高級感、京都本線は竹をイメージした発車メロディが流れる。そして終電が近づくと、映画『第三の男』のテーマ曲が流れる。粋《いき》なテーマ曲が高級感をさらに引き立てているように感じる。

南海の難波駅も、頭端式ホームを持つターミナル駅だ。難波駅は9面8線で、1～4番線は高野《こうや》線、5～8番線が南海本線、9番線が「ラピート」専用ホームである。ホームの形態は1938（昭和

3つの路線の列車が次々に発車する阪急の大阪梅田駅

13）年完成時から変わらず、歴史を感じさせる駅である。
難波駅を訪れたら、駅ビルにあたる南海ビルに注目したい。難波駅自体は1885（明治18）年に開業し、現在の南海ビルは1932（昭和7）年に完成した4代目にあたる。1960～1970年代に改良工事が行なわれた関係で、現在の駅ビルは駅から独立した構造になっている。

南海ビルは数多くの駅舎を手がけた建築家・久野節《くのみさお》によって建てられ、壮麗《そうれい》な近代建築は現在でも見ごたえ十分。国の登録有形文化財にも指定されている。

ところで、2031年春開業予定のなにわ筋線（206ページ参照）では、難波駅の地下付近に「新難波駅（仮称）」が開業する予定だ。その際には、難波駅も大きく変貌することが予想される。

初めての利用者は迷うかもしれないターミナル駅が、**近鉄**の大阪上本町《うえほんまち》駅だ。地上ホームと地下ホームに分かれており、地上ホームは7面6線で、伊勢志摩方面へ向かう大阪線の電車が発車する。

いっぽう、地下ホームは2面2線で、大阪難波方面へ向かうための中間駅の様相《ようそう》だ。伊勢志摩方面も含め、特急列車の大半は地下ホームから発着する。ともかく大阪上本町駅を初めて利用するなら、乗車予定の列車がどちらのホームから発車するか、事前に確認することをおすすめする。

上本町駅(現・大阪上本町駅)は、近鉄の直系の前身にあたる大阪電気軌道が1914(大正3)年に開業させたのが始まり。1926(大正15)年に現在の場所に移り、駅ビルも竣工《しゅんこう》した。以降、路線網の充実により、規模も拡張された。

しかし、1970(昭和45)年に難波への乗り入れを果たした近鉄は、名阪特急と伊勢志摩方面行きの特急の一部を難波始発に変更したため、相対的に上本町駅の地位は低下した。とはいっても放置されているわけではなく、2010(平成22)年には、駅近くに複合ビル「上本町YUFURA」が完成。現代にマッチしたターミナル駅となっている。

地味ながらも、じつはすごいターミナル駅が**阪神**の大阪梅田駅だ。阪急の大阪梅田駅よりも規模が小さい5面4線の地下駅だが、阪急の大阪梅田駅が1路線あたり3線なのに対し、阪神の大阪梅田駅は1路線にもかかわらず4線まである。しかも地下駅なのだ。これほど大規模な地下駅は、全国を見渡しても例はない。

気になる4線の利用方法は、1番線がラッシュ時などに使用される。2番線は直通特急・特急用、3番線は急行用、4番線は普通用と種別ごとに使い分けている。

この駅が地下化されたのは1939(昭和14)年のことだ。現在、駅改良工事が

●京阪・淀屋橋駅のホーム構造●

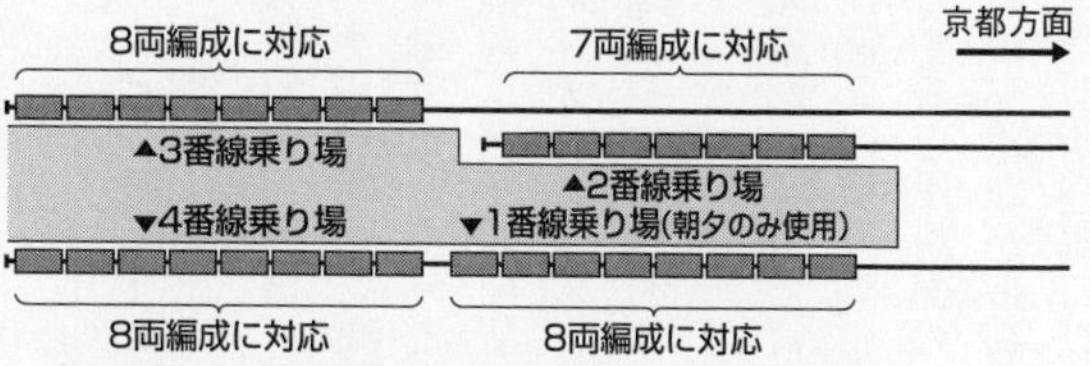

1番線乗り場と4番線乗り場は1本の線路を共有している

進んでおり、駅空間の拡大や駅ホームの延伸などが行なわれている。２０２１（令和３）年10月の発表では、完成は２０２４年春頃とされている。

最後に紹介する**京阪**の大阪方のターミナル駅である淀屋橋駅は、じつにユニークな構造をしている。島式ホーム１面とホーム先端部を切り欠くかたちで３線を有するが、乗り場自体は４番線まである。南側ホームを中間にある信号で分割し、奥を４番線、手前を１番線として使用しているのだ。

ほかの４社のターミナル駅と比較すると歴史は浅く、開業は１９６３（昭和38）年だ。後発だからこそでもあるが、日本で初めて駅構内に冷房を設置したのは淀屋橋だ。日本初が何かと多い京阪だが、ターミナル駅でも先《せん》取《しゅ》の精神を発揮しているとは恐れ入る。

このように、関西大手私鉄のターミナル駅はどれも個性抜群だ。時代のニーズに合わせながら、これからどのように変化するのか大いに楽しみだ。

「サブターミナル駅」の賢い利用術とは？

大阪梅田、難波、神戸三宮をメインターミナルとすれば、関西大手私鉄のサブターミナルはどこになるのだろうか。ここでは、筆者の主観にもとづいてサブターミナルを選定してみたい。

阪急は西宮北口駅が挙げられる。西宮北口駅には神戸本線と今津北線、今津南線が乗り入れる。

駅南側には西日本最大級の商業施設「阪急西宮ガーデンズ」があり、終日にぎわいを見せている。２０２１（令和３）年度１日駅別乗降人員（通年平均）によると西宮北口駅は神戸三宮駅を抜き、２位の７万８３８３人となっている。

西宮北口駅は阪急沿線〜阪神沿線間の移動に使える駅でもある。西宮北口駅から分岐《ぶんき》する今津南線の終着駅は今津駅だ。今津駅で阪神本線に接続することから、短距離の支線ながら利用価値は高い。

また、西宮北口以西の各駅からＪＲ宝塚線三田《さんだ》方面へは、西宮北口駅から今津北線に乗り宝塚駅へ。宝塚駅からJR宝塚線に乗り換えるコースがもっとも利便性が高い。大阪～神戸間は東西のラインは充実しているが、南北のラインはそれほどでもない。そのため、南北どちらにも行ける西宮北口駅の価値は本当に高いのだ。

●「西宮北口」を中心にした路線図●

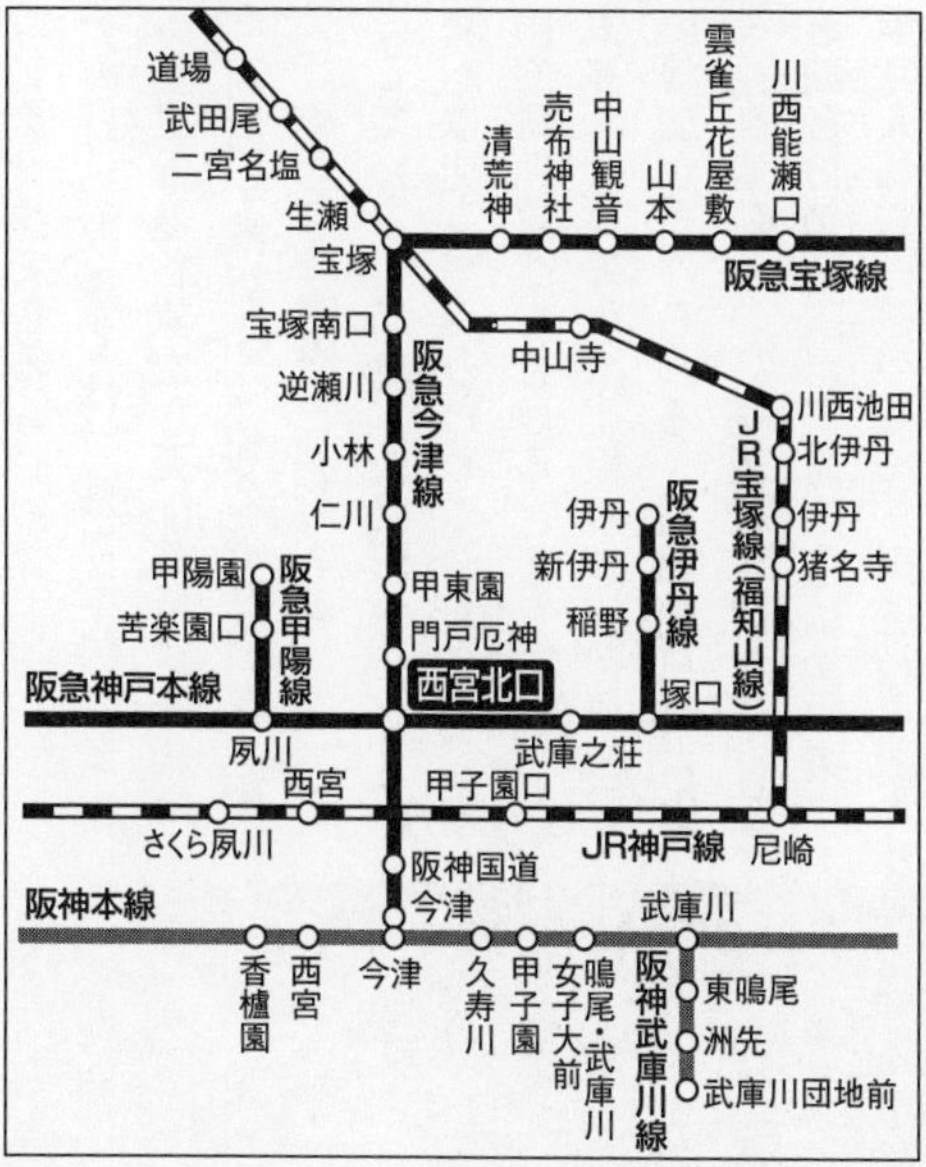

阪急のもう1つのサブターミナルといえば、京都本線・千里線の淡路駅だろう。淡路駅のポイントは天下茶屋方面へ向かう大阪メトロ堺筋《さかいすじ》線直通列車に乗り換えられることだ。

これに乗ると、大阪のビジネス街の中心地である堺筋本町はもちろんのこと、天下茶屋駅で南海本線に乗り換え、関西空港へアクセスできる。
そのため阪急では、京都本線・嵐山線・千里線の各駅から天下茶屋駅を経由して関西空港駅まで使える割引きっぷ「2022年度 関空アクセスきっぷ」を販売している。また、淡路駅からJR淡路駅へは徒歩圏内のため、おおさか東線経由で新大阪へも行ける。

阪神は阪神神戸高速線の高速神戸駅、新開地《しんかいち》駅が挙げられる。高速神戸駅は阪急神戸高速線との接続駅、新開地駅は神戸電鉄との接続駅だ。西からは山陽電車が乗り入れる。そのため、高速神戸駅大阪梅田方面のホームでは阪神・阪急の同時発車を見ることができ、ファンを大いに喜ばせている。

高速神戸駅では阪神と阪急の同一ホーム乗り換えが可能

なお、新開地駅構内には、かつて「高速そば」というユニークな立ち食いそば屋があったが、コロナ禍で閉店してしまった。

いっぽう、高速神戸駅～新開地駅間を結ぶ「メトロこうべ」中間通路のリニューアルが、2022（令和4）年3月に完了した。メインターミナルの神戸三宮駅とは一味違う、神戸のサブターミナルを楽しんでもらいたい。

近鉄のサブターミナルでは、大和八木《やまとやぎ》駅と大和西大寺《さいだいじ》駅が思い浮かぶ。いずれも南北と東西の路線が交《まじ》わるところに駅がある。

大和八木駅は大阪線と橿原《かしはら》線、大和西大寺駅は奈良線、京都線と橿原線が乗り入れる。大和八木駅は伊勢志摩・名古屋から京都・橿原神宮前（吉野方面）行きの電車に乗り換えることができるため、停車駅が少ないタイプの特急列車「甲《こう》特急」も、一部停車する。

大和西大寺駅は大阪・京都・奈良・天理・橿原神宮前方面をつなげるサブターミナルだが、同駅にはユニークなAI搭載ロボットが設置されている。「アリサ」と「リン」だ。

「アリサ」は改札内にある人型ロボット、「リン」は改札外にある小型ロボットだ。

筆者は「アリサ」を利用したことがあるが、乗り換え案内だけではなく、記念撮影やダンスにも応じてくれる人間顔負けのロボットだ。大和西大寺駅は「近未来ステーション」を目指しており、確かにハイテクなサブターミナルになりそうな予感がする。

南海のサブターミナルは、天下茶屋駅と新今宮《しんいまみや》駅だろう。天下茶屋駅は先述したので、ここでは新今宮駅に触れたい。新今宮駅は南海本線とJR大阪環状線、JR大和路《やまとじ》線が乗り入れ、大阪キタから南海へと乗り継げる便利な駅だ。

また、大阪メトロ動物園前駅、阪堺《はんかい》新今宮駅前電停にも乗り換えられる。かつては、関西空港アクセス特急「ラピート」の一部列車が通過した時期もあったが、現在は全列車が停車する。

2022（令和4）年3月に新今宮駅のリニューアルが完成し、1階に改札口が設けられた。また南北通路は木目調《もくめちょう》になり、面目《めんもく》を一新。周辺には、おもてなし・にぎわいの拠点「さんかくち」ができた。

京阪は、関西大手私鉄でもっともサブターミナルの選定が難しい。なぜなら、1か所に集中したターミナル駅を持たず、分散型ターミナル駅が多いからだ。ここでは、あえて京都側の終着駅、出町柳《でまちやなぎ》駅を取り上げたい。

出町柳駅では鞍馬《くらま》・八瀬《やせ》方面へ向かう叡山《えいざん》電鉄に乗り換えができる。出町柳に京阪が乗り入れたのは意外と遅く、1989（平成元）年のことだ。それまでは京都市電廃止後、叡山電鉄は他線と接続しない孤立路線だった。京阪が乗り入れを果たしたことにより、叡山電鉄は息を吹き返し、現在は観光列車を運行するまでになったのだ。

もちろん、京阪も大阪から鞍馬・八瀬方面へアクセスできることをアピールしている。確かに出町柳駅の規模はそれほど大きくないが、存在感は終着駅であることを差し引いても、他のサブターミナル駅に引けを取らないであろう。

あの「駅名」は、どんな理由で改称された？

関西大手私鉄のなかで、最近、駅名変更に力を入れているのが**阪急**である。2013（平成25）年に、神戸市の中心地にある神戸本線「三宮駅」が「神戸三宮駅」になった。

1936（昭和11）年の開業時は「神戸駅」であった。1968（昭和43）年、神戸高速鉄道の開業にともない「三宮駅」に改称。そのため、駅名に「神戸」が復活したのはじつに45年ぶりの出来事であり、**阪神**も2014（平成26）年に「神戸三宮駅」に改称した。

「神戸三宮」に改称した理由は、三宮が神戸の中心地であることをアピールするためである。実際に阪急・阪神が乗り入れる主要駅に高速神戸駅があり、どちらが神戸の中心なのかわかりにくかった。

阪急・阪神の駅名が神戸三宮駅になり、多少は神戸市内の複雑な駅名事情が解決されたといえよう。とはいえ、神戸市営地下鉄山手《やまて》線、神戸新交通（ポートライナー）の駅名は三宮駅、JRは三ノ宮駅である。

阪神は、比較的古風な駅名が多い印象を受ける。とくに阪神本線杭瀬《くいせ》駅、大物《だいもつ》駅といった駅名は、初めて訪れた人には読みにくいかもしれない。

2013年に「三宮」から改称した阪急の神戸三宮駅

阪神本線は1905（明治38）年に開業したが、集落ごとにこまめに駅を設置したこともあり、集落の地名をそのまま駅名に採用した経緯がある。

関西大手私鉄でもっとも歴史の長い**南海**も、蛸地蔵《たこじぞう》駅のように興味をそそられる駅名が多いが、ここでは「天下茶屋」と付く2駅に注目したい。1つめは南海のサブターミナルといえる天下茶屋駅。2つめは汐見橋線の西天下茶屋駅であり、こちらは下町情緒《じょうちょ》あふれる駅だ。

さらに、阪堺電気軌道阪堺線には、北天下茶屋駅がある。阪堺線は1980（昭和55）年まで南海の一路線だったので、当時の南海は「天下茶屋」と付く駅名が3駅も存在したことになる。ちなみに南天下茶屋駅、東天下茶屋駅は存在しない。

近鉄は路線網が広いこともあり、旧国名が付く駅名が多い。駅名になっている旧国名は河内《かわち》、大和、伊賀、伊勢、志摩である。養老《ようろう》線が近鉄だった時代は、美濃《みの》が付く駅名も存在した。

かつての方向幕は、旧国名を省《はぶ》いた駅名表記が一般的であった。たとえば、大和八木駅なら「八木」、河内長野駅なら「長野」といった具合である。

それが近年になり、旧国名を付けた正式駅名表記の方向幕が普及した。さらに最近は、旧国名に代わって「大阪」を加える駅名が登場している。2009（平成21）

年には阪神なんば線・近鉄奈良線の相互直通運転開始に合わせ「近鉄難波駅」は「大阪難波駅」、「上本町駅」は「大阪上本町駅」になった。

ちなみに、現在でも旧駅名表記（「難波」「上本町」）の方向幕を見かけることがあるが、これはご愛敬といったところだろうか。

京阪も、阪急と同様に駅名改称に力を入れている。2007（平成19）年に京都市内にある「丸太町《まるたまち》駅」「四条駅」「五条駅」が、それぞれ「神宮丸太町駅」「祇園《ぎおん》四条駅」「清水《きよみず》五条駅」になった。

神宮丸太町駅は平安神宮に近く、祇園四条駅は祇園の中心に位置する。また清水五条駅は清水寺の最寄り駅だ。有名観光地を背景にした駅名改称により、より京阪が利用しやすくなった。

2019（令和元）年には京都府内の4駅が改称され、このうち3駅は「石清水《いわしみず》八幡宮駅」「ケーブル八幡宮口駅」「ケーブル八幡宮山上駅」になり、石清水八幡宮への参拝客を意識した駅名となった。いっぽう、大阪方の駅名改称は実施されていない。

全体的に見ると、関西大手私鉄では駅名改称が相次いでいる。いずれもコロナ禍直前に実施され、観光客がわかりやすいように意識したものが多い。コロナ禍により観光客は激減したが、今後は駅名改称が十二分に効果を発揮することになるのだろう。

読めそうで正しく読めない「難読駅名」は?

関西大手私鉄には読めそうで、なかなか読めない難読駅が多数存在する。その最たる例が**阪急**の十三駅《じゅうそう》だ。関西以外の方は思わず「じゅうさん」と読んでしまうだろう。十三駅は京都本線、宝塚本線、神戸本線が合流する主要駅。駅周辺には大阪を代表する歓楽街が広がる。

余談だが、筆者は子どもの頃、十三駅の存在を早くに知っていたため、数字の「十三」も「じゅうそう」と読むのだろうと勘違いしていた。

さて、駅名の由来だが、京から数えて13番目にあたる淀川の渡しがあったという説が有力だ。ほかには条里制《じょうり》の十三条という説もある。

「読みやすそうで読みにくい難読駅」といえば、**近鉄大阪線**の大三駅《おおみつ》も忘れてはいけない。大三駅は、三重県にある榊原温泉口駅《さかきばら》の隣駅だ。

大阪線自体は、大阪〜名古屋・伊勢間を結ぶ大幹線だが、日中時間帯は普通列車が1時間あたり各1～2本停まるだけだ。駅周辺には国道165号線が走り、道路沿いには大三神社がある。察しのとおり、大三神社が駅名の由来となっている。

ユーモラスな難読駅は、**京阪石山坂本線**にある穴太《あのお》駅だ。比叡山の東麓《とうろく》に位置する小駅だが、駅周辺の地名は穴太《あのう》である。「穴太」という地名は意外と多く、元近鉄の三岐《さんぎ》鉄道北勢《ほくせい》線にも穴太《あのう》駅がある。

ところで、大阪府枚方《ひらかた》市を「まいかた」と呼ぶ人は、関西に一度も住んだことがない方だろう。枚方市の玄関口である京阪の枚方市駅は、特急以下の種別の列車が停まり、交野《かたの》線が分岐する。枚方市は淀川の左岸にあり、地形は全体的に平坦だ。かつては浅く平らな潟《かた》があったという。

勘のいい方ならお気づきかもしれないが、平らな潟「平潟」が、枚方の語源といわれている。「枚方駅」でなく「枚方市駅」になった理由は、かつて枚方公園駅が「枚方駅」であったため、混同を避ける意味で「市」が付いた。

枚方市駅から分岐する交野線の終着駅は、これまた難読駅の私市《きさいち》駅である。私市駅の由来は同地の歴史に関係する。

私市駅がある交野市は推古《すいこ》天皇時代から皇后《こうごう》領であった。皇后の部民はキサイベ（私部）といい、該当地域はキサベノウチ（私部内）と呼ばれた。これがなまった結果、現在の地名「私市」になったと伝えられている。

ここまでは難読駅であっても、漢字自体はそれほど難しくなかった。ところが、関西大手私鉄には旧字体（正字体）が使われている駅がある。兵庫県西宮市にある阪神本線の香櫨園《こうろえん》駅がそれだ。香櫨園駅の周辺は高級住宅地と夙川《しゆくがわ》があり、駅自体は旧駅舎をイメージしたモダンなデザインとなっている。同駅が「近畿の駅百選」に選定されているのも納得だ。

この駅名は、明治末期に建てられた遊園地「香櫨園遊園地」に由来する。香櫨園遊園地を建設したのは、大阪の豪商・香野蔵治《こうのくらじ》と櫨山慶次郎《はぜやまけいじろう》だった。つまり「香櫨園」という名称は、両者の頭文字から取ったのだ。香櫨園遊園地自体は1913（大正2）年に閉園したが、香櫨園という名称自体は、いわばブランド名のようなかたちで生き残ったのである。

関西大手私鉄では難読駅とまではいわなくても、読みづらい駅名はひらがなで案内する習慣がある。その好例が**南海**の難波駅と、**近鉄**の大阪阿部野橋駅だ。両駅とも始発駅となり、一大ターミナル駅である。

行先方向幕を見ると、南海難波は「なんば」、近鉄大阪阿部野橋は「あべの橋」となっている（ただし、新しい行先方向幕は正式名称の「大阪阿部野橋」となっている）。

いっぽう、近鉄大阪難波の行先方向幕は「大阪難波」となり、ひらがな表記がない。

ここで取り上げた難読駅は、ほんの一部。難読駅はまだまだあるので、訪れる際は駅名をしっかり確認したいところだ。

駅名に「〇〇大学前」が多い私鉄はどこ?

関西大手私鉄の沿線には多くの大学が存在する。その筆頭の鉄道会社が、**阪急**だろう。千里線の「関大前駅《かんだいまえ》」は関西難関私大「関関同立《かんかんどうりつ》」の1つ、関西大学千里山キャンパスの最寄り駅。いまでこそインパクト抜群な駅名だが、駅名変更を繰り返した歴史を持つ。

関大前駅は「大学前駅」と「花壇前駅」が統合したかたちで生まれた駅で、「大学前駅」が開業したのは1922(大正11)年、「花壇前駅」の開業は1921(大正10)年のこと。

「花壇前駅」は、関西大学の周辺に存在した千里山花壇の最寄り駅であった。1938(昭和13)年に「花壇前駅」は「千里山遊園駅」になったが、第二次世界大戦期に「千里山厚生園駅」という堅苦《かたくる》しい駅名となった。これは千里山遊園という名が戦時にふさわしくないという理由で「千里山厚生園」に改名されたことに由来する。

戦後、「千里山遊園駅」に戻ったが、1950（昭和25）年に「女子学院前駅」になった。当時、遊園地の跡地に女子高を建設することが決定済みだったという。

ところが、関西大学が遊園地の跡地に拡大することになり、1951（昭和26）年に「花壇町駅」になる。最終的に1964（昭和39）年に「大学前駅」と「花壇町駅」が統合し、「関大前駅」となった。

阪急には、大学の略称が駅名になった例がほかにもある。阪急宝塚本線には箕面《みのお》線が分岐する主要駅「石橋阪大前駅」があり、大阪大学豊中キャンパスの最寄り駅となる。現在の駅名になったのは意外と新しく、2019（令和元）年のこと。それまでは、シンプルな駅名「石橋駅」だった。

ところで「阪大」と名の付く駅名は、じつに多い。阪急の蛍池《ほたるがいけ》駅に接続する大阪モノレールには、「柴原阪大前駅」と「阪大病院前駅」がある。

また、阪急阪神ホールディングスの子会社北大阪急行には、2023（令和5）年度末に「箕面船場《みのおせんば》阪大前駅」が開業する予定だ。将来的に「阪大」と名の付く駅は計4駅となり、受験生が迷わないか心配だ。

関大前駅、石橋阪大前駅以外にも大学の最寄り駅はある。美しいヴォーリズ建築を持つ関西《かんせい》学院大学西宮上ケ原《うえがはら》キャンパスの最寄り駅は今津北線甲東園《こうとうえん》駅・仁川《にがわ》駅だ。今津北線沿線には高校もたくさんあり、平日朝のラッシュ時には学生が本当に目立つ。

六甲山の玄関口にある神戸本線六甲駅は、神戸大学六甲台キャンパスの最寄り駅でもある。六甲駅から神戸大学へは急な坂が続くため、登校はまるで登山のようだ。

六甲駅の2つ隣の岡本駅は、甲南《こうなん》大学岡本キャンパスの最寄り駅で、特急停車駅だ。

阪急と並走する**阪神**沿線には大学が少ない。そのなかで特筆すべきは、阪神本線「鳴尾《なるお》・武庫川《むこがわ》女子大前駅」を最寄り

大学の略称が駅名になった、阪急の石橋阪大前駅

駅とする武庫川女子大学と阪神との関係だ。
2018(平成30)年、阪神は武庫川女子大学・武庫川女子大学短期大学部と包《ほう》括《かつ》連携協定を結んだ。阪神との共同研究など、興味深いプロジェクトが行なわれている。

全国的には「大学」が付く駅と大学キャンパスまでは離れているケースが散見《さんけん》されるが、**京阪**「龍谷大前深草駅《りゅうこくだいまえふかくさ》」から龍谷大学深草キャンパスは、徒歩3分ほどの距離だ。これだけ近距離にもかかわらず、2019年9月までは「深草駅」だった。

マグロの養殖で有名な近畿大学の東大阪キャンパスの最寄り駅は、**近鉄**大阪線の長瀬駅。長瀬駅の駅名板には副駅名の「近畿大学前」が併記されている。

近畿大学は一躍《いちやく》、全国に名の知られる大学になったのだから、駅名も変更してはと思うのだが、それは筆者の浅知恵だろう。ふだん、長瀬駅は普通列車しか停車しないが、入試シーズンになると一部の優等列車が臨時停車する。いっぽう大阪線には、大学名を冠《かん》した大阪教育大前駅が存在する。

南海と大学との関係性で絶対に外せないのが、南海本線の和歌山大学前駅(副駅名・ふじと台)である。これまで見てきたとおり、大学名が付く駅は駅名変更が多かったが、同駅は2012(平成24)年に開業した新設駅である。駅開業前まで南海紀ノ川《きのかわ》駅からキャンパスまで、徒歩約30分を要していた。

現在では和歌山大学前駅（ふじと台）からキャンパスまで徒歩約20分、自転車で約8分と大幅に改善された。また特急も停まり、難波駅から同駅までは1時間以内でアクセスできる。

このように、駅名変更や包括連携協定など、関西大手私鉄と大学との関係は大きく変わろうとしている。ひょっとすると、関西から鉄道と大学とのコラボレーションにより、世間を「あっ」と驚かすアイディアが生まれるかもしれない。

格差6

近鉄 南海 京阪 阪急 阪神のサービスを比較する

ホームに流れる「自動放送」、各社の工夫は？

筆者は子どもの頃から駅の自動放送を聞くのが好きだ。中学生の頃はわざわざ駅にテープレコーダーを持っていき、好きな自動放送を録音したこともある。そして現在でも、駅や空港で流れる自動放送の声帯模写《せいたいもしゃ》を趣味とする自動放送マニアでもある。

関西大手私鉄の駅自動放送は「種別↓行先」と「行先↓種別」の2パターンに大別《たいべつ》される。たとえば、前者だと「特急大阪梅田行き」、後者だと「大阪難波行き特急」となる。

種別↓行先方式を採用しているのは**阪急**、**南海**、**京阪**、行先↓種別方式は**近鉄**と**阪神**だ。ただし、阪神は普通のみ種別↓行先である。種別↓行先方式を採用している会社と行先↓種別方式を採用している会社では、何か違いはあるのだろうか。

まず、行先↓種別方式は、快速急行や特急といった上位種別列車の行先が多岐《たき》にわたる際に採用されやすい。

たとえば、**近鉄**の鶴橋《つるはし》駅の1番線には、奈良行き快速急行、近鉄名古屋行き特急、賢島《かしこじま》行き特急といった、行先がまったく異なる電車が次々とやってくる。乗車する電車を間違えれば、遠距離なだけに大変なことになる。そのため、列車の行先が重要視されるのだろう。

阪神本線上りも、優等列車レベルでは大阪梅田行き特急、直通特急と近鉄奈良行き快速急行があり、うっかり乗り間違えると大変なことになる。いっぽう、阪神本線の普通は**阪神なんば線**には乗り入れないため、阪神本線の上り普通の行先はすべて大阪梅田方面になる。そのため、普通のみ種別↓行先方式を採用していると考えられる。

種別↓行先方式の**阪急**は**京都本線**の場合、京都河原町《かわらまち》発の特急、通勤特急、快速急行はすべて大阪梅田方面へ向かう。

大阪メトロ堺筋《さかいすじ》線直通の天下茶屋《てんがちゃや》行きも存在するが、高槻市《たかつきし》駅まで各駅に停まる準急であり、本数もそれほど多くないので、あまり行先を気にする必要はない。日常的に大阪梅田行きと天下茶屋行きが混在する高槻市〜淡路《あわじ》間と千里線北千里〜淡路間の淡路方面行き各ホームには、電光掲示板や行灯《あんどん》式の行先案内機があるため、放送が種別↓行先方式であっても問題はない。

同じく種別↓行先方式の**京阪**は、基本的に下り特急と快速急行は淀屋橋《よどやばし》方面へ向かう。

もう少し、各社の駅自動放送を見ていこう。芸が細かいのは**近鉄南大阪線**だ。近鉄南大阪線では長野線に直通する列車が多数運行されていることもあり、途中駅での車両の増結・解放が多い。そのため行先や種別だけでなく、車両の増結・解放にかんする案内がじつに細かい。

たとえば、古市《ふるいち》駅では先に橿原《かしはら》神宮前方面から来た大阪阿部野橋《あべのばし》行き準急と、河内長野《かわちながの》駅から来た準急との連結作業が行なわれる。橿原神宮前方面から来た準急が入線する際、自動放送では途中でいったん止まり、扉を開閉して5両位置に移動する旨《むね》が案内される。一連の放送内容がじつにユニークで、YouTubeでは図入りで解説動画があるほどだ。

南海難波駅高野線ホームにも注目したい。南海電鉄のホームページにある停車駅案内では「準急」と表記されている。

ところが、自動放送では「準急」のことを「準急行」と放送する。「準急行」と聞いた瞬間に「南海らしいな」と思ったあかつきには、あなたは立派な関西大手私鉄放送マニアだ。

ところで、**南海高野線**は泉北《せんぼく》高速鉄道線の終着駅和泉《いずみ》中央駅まで乗り入れる。しかし放送では「和泉中央・泉北ニュータウン方面行き」と案内される。高野線は泉北高速鉄道が分岐する中百舌鳥《なかもず》駅以南に多くのニュータウンを抱える。そのため、誤乗《ごじょう》を防ぐ意味で駅名ではない「泉北ニュータウン」を付け加えていると思われるが、このあたりの芸の細かさは評価されていいだろう。

駅自動放送では、とかく駅メロディーが注目されがちだが、ぜひ放送内容にも耳を傾けてほしい。ふだん乗り慣れていない鉄道会社であれば、必ず新たな発見が見つかるはずだ。

「キャッシュレス」決済が進んでいる私鉄は？

新型コロナウイルス感染症により、従来からのやり方が大きく変わろうとしている。たとえば、クレジットカードの場合、国内だとレジで暗証番号を入力するのが一般的だった。最近は非接触型クレジットカードに対応する店舗も多くなり、カードリーダーにかざすのみの決済が可能となっている。

では、関西大手私鉄におけるキャッシュレス事情は、どんな様子だろうか。

もっとも進んでいるのは**南海**だ。南海ではVisaのタッチ決済の実証実験を202

●クレジットカードのタッチ決済の仕組み●

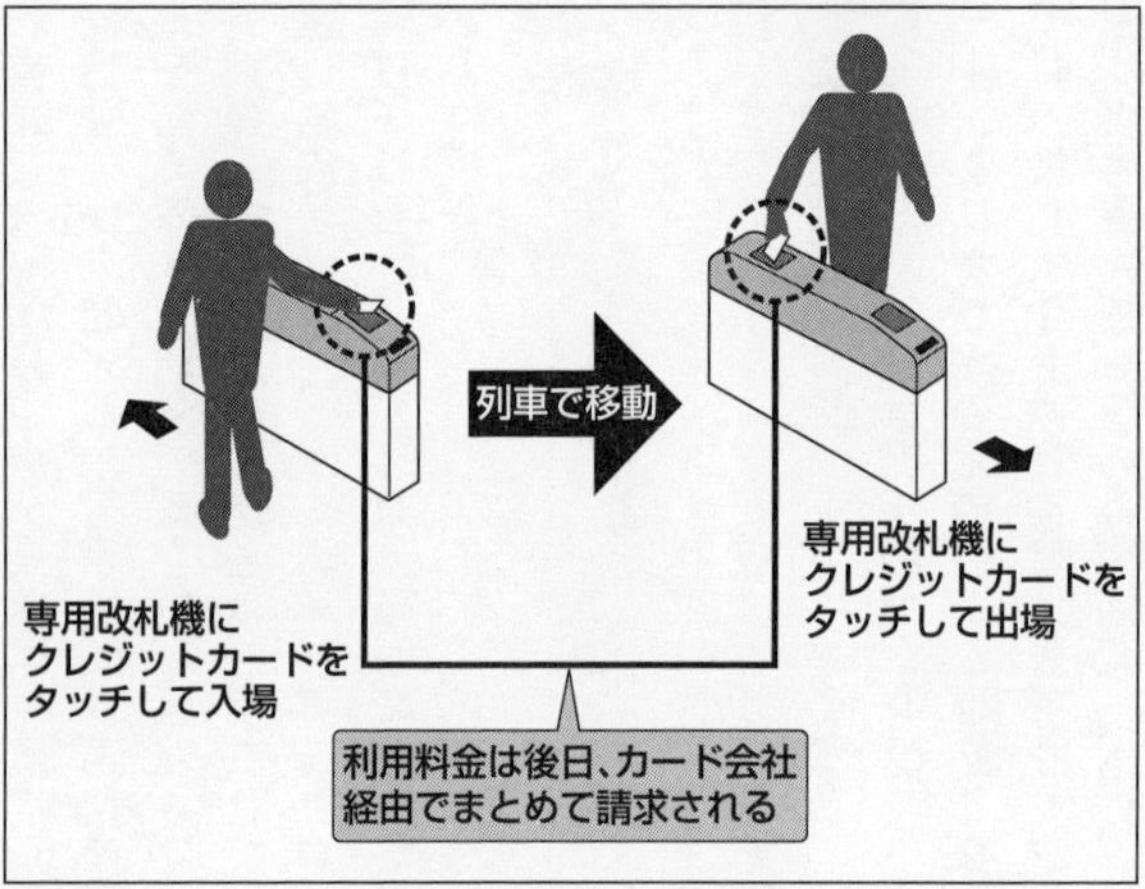
列車で移動
専用改札機にクレジットカードをタッチして入場
専用改札機にクレジットカードをタッチして出場
利用料金は後日、カード会社経由でまとめて請求される

1（令和3）年から一部の駅で実施している。使い方はとても簡単。タッチ決済対応のVisaカードを専用改札機にあるカードリーダーにタッチする（もしくは、かざす）だけ。暗証番号の入力はなく、Visaカードが交通系ICカードのように使えるのだ。

Visaのタッチ決済対応駅はどんどん増え、2022（令和4）年10月現在、泉北高速鉄道（2022年4月使用開始）を含めて計28駅に及ぶ。

期間限定で、Visaタッチ決済利用者に対して割引サービスも実施されている。たとえば、同年6月に行なわれた割引サービスでは、難波・新今宮・天下茶屋～他の対象駅間の利用でVisa

タッチ決済をした人に限り、運賃が30パーセント割引になった。今後も同様のサービスが行なわれることを期待したい。

南海では「南海デジタルきっぷ」の実証実験も行なっている。これは、南海のアプリ上で事前にきっぷを購入し、スマートフォンに表示されたＱＲコードを専用改札機にかざすしくみだ。

ＱＲコードを使ったサービスは、**近鉄**でも実施している。近鉄は２０２２年春から、近鉄名古屋駅と伊勢志摩エリアの主要駅にＱＲコードに対応した自動改札機を設置。利用客は販売サイトからデジタルきっぷを購入する。

たとえば「伊勢神宮参拝デジタルきっぷ」では近鉄だけでなく、伊勢・二見《ふたみ》・朝《あさ》熊《ま》エリアの三重交通バスも利用可能。つまり、電車・バス・各種交通機関がＱＲコード１つで利用可能になるわけで、大変便利だといえよう。いまのところ、対象駅は愛知県・三重県に限られているが、今後順次拡大していく予定だ。

関西では２０２５（令和７）年に大阪・関西万博が開催される。新型コロナウイルス感染症の拡大状況次第ではあるが、多くの訪日観光客が訪れるだろう。訪日観光客がスムーズに公共交通機関を利用するために、各社ともキャッシュレス化を進めるのではないだろうか。

各社の「お得きっぷ」、使い勝手はどうか？

関西大手私鉄各社は、旅行に便利な「お得なきっぷ」を販売している。ここでは代表的な「お得なきっぷ」を紹介したい。

近鉄のお得なきっぷといえば「まわりゃんせ」だ。とくに伊勢志摩方面の旅行では絶対に利用したいきっぷである。その内容は、かつてJR各社が販売していた「周遊きっぷ」に似ている。

「まわりゃんせ」（特急券あり）は松阪〜賢島間が乗降自由なフリー区間となり、特急券引換券が4枚付く。

また、近鉄発駅からフリー区間までの往復乗車券・往復特急券も含まれているだけでなく、松阪・伊勢・鳥羽・志摩エリア内の三重交通バス、鳥羽市かもめバス、鳥羽市営定期船、志摩マリンレジャーあご湾定期船などが利用可能だ。施設面では「志摩スペイン村」など23の観光施設の入場・入館ができる。利用期間は4日間となっている。

価格は「まわりゃんせ」（特急券あり）が大人9900円。大阪難波〜賢島間の普通運賃・特急料金の往復は計7980円だから、もろもろの交通費を考慮するとかなりお得なきっぷといえるだろう。また、近鉄名古屋駅発の「まわりゃんせ」には「デジタルまわりゃんせ」もあり、スマホに表示されるQRコードを使う。

関西私鉄では、近鉄の次に営業距離が長い**南海**も、さまざまな「お得なきっぷ」を販売している。

高野山観光に便利なのが「高野山・世界遺産きっぷ」だ。南海電鉄の主要駅・泉北高速鉄道各駅〜高野山駅間の割引往復乗車券と高野山内のバス2日フリー乗車券がセットになる。さらに、金剛峯寺《こんごうぶじ》などの拝観施設、お土産・飲食が割引となるサービス券も付く。利用期間は2日間となり、価格は難波駅からだと3080円（乗車券のみ）だ。

阪急・阪神は阪急阪神ホールディングスの中核会社ということもあり、両社で利用可能な「お得なきっぷ」がある。なかでも、京都観光に便利なきっぷが「いい古《こ》都《と》チケット」だ。

これは、京都市営地下鉄、京都市営バス、京都市内の主要観光地をカバーする均一制区間路線と八瀬《やせ》・大原エリアを走る京都バスが乗り降り自由になる。さらに「阪急阪神版」だと神戸高速線を除く阪急線・阪神線も乗り降り自由となる。

●5社別「お得なきっぷ」(2022年に発売されたもの)●

	発売したきっぷ
近鉄	まわりゃんせ、デジタルまわりゃんせ、伊勢志摩レンタカークーポン付きっぷ、伊勢志摩レンタカークーポン付デジタルきっぷ、伊勢神宮参拝きっぷ、伊勢神宮参拝デジタルきっぷ、志摩スペイン村 パルケエスパーニャ・フリーきっぷ、志摩スペイン村満喫デジタルきっぷ、鳥羽水族館割引きっぷ、VISON往復きっぷ、信貴山寅年〈福招き〉きっぷ、奈良世界遺産フリーきっぷ、奈良・斑鳩1dayチケット、古代ロマン 飛鳥 日帰りきっぷ、吉野山・蔵王堂特別拝観券付割引きっぷ、大台ヶ原探勝日帰りきっぷ、洞川温泉・みたらい渓谷散策きっぷ、生駒ケーブルのりのりきっぷ、リアル謎解きゲーム 近鉄電車ナゾだらけの列車旅、関西空港レール&バス割引きっぷ、関西空港レール&バス 片道特割きっぷ、スルッとKANSAI 大阪周遊パス、神戸街めぐり1dayクーポン、名阪ビジネス回数きっぷ、京めぐり、なばなの里イルミネーション 近鉄電車&バス割引セットきっぷ、曽爾高原すすき散策きっぷ、赤目四十八滝 渓谷の自然探勝きっぷ、桑名特割きっぷ、近鉄週末フリーパス
南海	5枚セット学文路駅入場券、高野山・世界遺産きっぷ、りんくうプレミアム・アウトレットきっぷ、かんくう好きっぷ、和歌山観光きっぷ、加太観光きっぷ、金剛山ハイキングきっぷ、とくしま好きっぷ、関空ちかトクきっぷ、大阪周遊パス、なんば好きっぷ、関空トク割 ラピートきっぷ、京都アクセスきっぷ、神戸アクセスきっぷ、奈良アクセスきっぷ、京成×南海 特得チケット
京阪	3000系プレミアムカーローレル賞受賞記念乗車券&記念入場券、京阪電車ナゾ巡り1日乗車券、京阪電車 大阪・京都1日観光チケット、ひらパーGo!Go!チケット、京阪・Osaka Metro1日フリーチケット、スルッとKANSAI 大阪周遊パス、京都鉄道博物館おでかけ乗車券、京都1日観光チケット、叡山電車・京阪電車 1日観光チケット、比叡山延暦寺巡拝京阪線きっぷ、比叡山延暦寺巡拝 大津線きっぷ、大津線110周年記念大津線フリーチケット、京阪電車 びわ湖1日観光チケット、奈良・斑鳩1dayチケット、関西1デイパス、バス&えいでん 鞍馬・貴船日帰りきっぷ
阪急	阪急阪神1dayパス、関空アクセスきっぷ、スルッとKANSAI 大阪周遊パス、京都・嵐山1dayパス、いい古都チケット、北急・モノレール京都おでかけきっぷ、神戸街めぐり1dayクーポン、土休日神戸高速線往復割引きっぷ、有馬・六甲周遊1dayパス、有馬・六甲周遊2dayパス、六甲・まやレジャーきっぷ、六甲山アスレチッククーポン、有馬温泉 太閤の湯クーポン、妙見の森フリーパス、高野山1dayチケット、奈良・斑鳩1dayチケット
阪神	スルッとKANSAI 大阪周遊パス、関空アクセスきっぷ、阪急阪神1dayパス、阪神・近鉄新春1dayチケット、神鉄・高速×喜楽館 笑い放題切符、神戸の休日～土休日神戸高速線往復割引きっぷ～、神戸街めぐり1dayクーポン、阪神・山陽 シーサイド1dayチケット、阪神・明石市内1dayチケット、三宮・明石市内1dayチケット、三宮・姫路1dayチケット、垂水・舞子1dayチケット、神戸どうぶつ王国・阪神電車・ポートライナーセット券、有馬・六甲周遊1dayパス、有馬温泉 太閤の湯クーポン、信貴山寅年〈福招き〉きっぷ、古代ロマン飛鳥日帰りきっぷ、奈良・斑鳩1dayチケット、六甲山スキークーポン、有馬・六甲周遊1dayパス、六甲・まやレジャーきっぷ、六甲山アスレチッククーポン、いい古都チケット、高野山1dayチケット、ゆめもうで伊勢神宮初詣割引きっぷ、弾丸フェリー

＊各社のホームページより

価格は「阪急阪神版」が１日１７００円。ＪＲ西日本の大阪駅と京都市営地下鉄四条《しじょう》駅間を往復すると計１５８０円になるから、「いい古都チケット」のお得感だけでなく、私鉄の普通運賃の安さにも驚くことだろう。

大阪市内から姫路へのお出かけには「阪神・山陽 シーサイド１ｄａｙチケット」が便利だ。このきっぷは阪神、山陽電鉄線が乗り降り自由となり、価格は１日２２００円だ。

阪神は大阪梅田〜山陽姫路間で直通特急を運行している。ＪＲ西日本とくらべると同区間の所要時間では劣勢《れっせい》だが、普通運賃では往復で４４０円安い。「阪神・山陽 シーサイド１ｄａｙチケット」を使うと往復８４０円も安くなる。大阪難波駅でも販売しているため、近鉄沿線からの利用も可能だ。

京阪の「お得なきっぷ」で興味深いのは、２０２３（令和５）年３月31日まで販売される「京都鉄道博物館おでかけ乗車券」だ。これは京都鉄道博物館の入館に加え、京阪線、石清水《いわしみず》八幡宮参道ケーブル、京阪バス「ステーションループバス」一部区間が乗り降り自由となる。

さらに、ホテルエミオン京都のショップ・レストラン、京都タワー展望室の割引特典が受けられるのも特徴である。価格は１日２３００円。

ところで、京都鉄道博物館がある京都市西部の梅小路《うめこうじ》エリアは京阪沿線から離れており、京都鉄道博物館と京阪とのタッグは意外に思われるかもしれない。だがじつは、京阪はコロナ禍前から京都を中心としたインバウンド事業に力を入れている。その一環として、2020（令和2）年に梅小路に「ホテルエミオン京都」がオープンした際に、京阪バス「ステーションループバス」が梅小路エリアに延伸した。これにより、京阪沿線から梅小路エリアへのアクセスが大幅に改善された。京都鉄道博物館との割引きっぷからも、梅小路エリアを強化したい京阪の意図が透《す》けて見える。

このように各社は「お得なきっぷ」を販売しているが、一部を除くと従来どおりの紙のきっぷだ。これからはQRコードなどを利用したスマホで使える「お得なきっぷ」の普及を期待したいところだ。

京成との「コラボきっぷ」を発売しているのは？

関西大手私鉄は数々の割引きっぷを販売しているが、ほとんどが関西圏、近鉄の場合は中京圏に使用が限られている。

しかし、関東大手私鉄や系列フェリーとコラボした壮大な割引きっぷが**南海**には存在する。南海沿線には関西空港や和歌山港があり、難波から飛行機やフェリーへの橋渡しを南海が担《にな》う。このような強みを活《い》かして、他社では見られないユニークな割引きっぷの販売に精を出している。

東京出張に便利な割引きっぷが「京成×南海 特得チケット」だ。このきっぷは、南海特急「ラピート」の「スーパーシート」と、京成特急「スカイライナー」のそれぞれの特急券がセットになっている。価格は約30パーセントオフの大人片道1460円（乗車券は含まれない）。

さらに、このきっぷは安価で特急列車に乗車できるだけではなく、関西空港・成田空港の一部店舗で割引サービス等が受けられるのだ。

系列フェリーとのコラボきっぷは、南海が販売する「とくしま好きっぷ」である。南海のグループ会社である南海フェリーは、和歌山港〜徳島港間にフェリー便を運航している。所要時間は約2時間で、早朝便の設定があることが特徴だ。多くの便が和歌山港駅で南海電車に連絡する。

「とくしま好きっぷ」は、南海線発売駅から和歌山港駅と南海フェリー和歌山港から徳島港までの乗車券・乗船券がセットになり、価格は大人2200円。徳島港から南海線へは南海フェリーが販売する「好きっぷ」があり、価格は同額となる。
Visaのタッチ決済対応バージョンの事前購入不要な「スマート好きっぷ」もある。Visaクレジットカードで、南海電車も南海フェリーもスムーズに利用できるのだ。今後も南海から他社とのコラボきっぷが登場することだろう。大いに期待したいところだ。

「アテンドサービス」が充実している私鉄は?

関西大手私鉄でアテンダントサービスを実施している会社は、**近鉄**、**南海**、**京阪**である。

近鉄のアテンダントサービスは、観光特急「しまかぜ」などの観光特急で実施される。「しまかぜ」は2013(平成25)年にデビューし、大阪難波・京都・近鉄名古屋〜伊勢志摩間を結ぶ観光特急だ。

「しまかぜ」のアテンダントは列車のお出迎え、お見送りはもちろんのこと、近鉄特急伝統のおしぼりの配布サービスがある。ちなみに、近鉄特急でのおしぼりの配布サービスは1951(昭和26)年から始まった。現在の近鉄特急では、洗面台やデッキにおしぼりが置かれている。

「しまかぜ」には、軽食や飲料サービスが楽しめるカフェ車両も連結されており、そこで軽食などを提供するのもアテンダントの仕事。これらを通じて、伝統的な近鉄特急のサービスを体感できるはずだ。

伝統の近鉄に対して新興といえるのが、**京阪**だ。京阪は座席指定車両「プレミアムカー」でアテンダントサービスを実施している。そもそも普通運賃プラス400〜500円（利用する区間により変わる）でアテンダントサービスを受けられること自体、大変お値打ちだといえるだろう。

まず「プレミアムカー」に入り、専門アテンダントに挨拶されるだけで「ワンコインを払ってよかったな」と思うのは筆者だけではないだろう。アテンダントサービスは特急だけでなく停車駅が多い快速急行でも実施されるので、各駅での挨拶だけでもなかなか大変だ。

また、「銘板《めいばん》キーホルダー」などプレミアムカー限定商品の車内販売も行なっている。現在はコロナ禍により休止しているが、ブランケットなどの無料提供もある。こちらは、いずれ復活するのだろう。

南海は、橋本〜極楽橋《ごくらくばし》間で運行する観光列車「天空」指定席車両に専属アテンダントが乗務し、車内放送やグッズ販売を行なっている。２０２５（令和７）年度をメドに高野線に新たな観光列車の導入を発表したこともあり、その頃には新しいサービスが生まれるかもしれない。

阪急、**阪神**は特急料金を必要とする列車を運行しなかったせいもあり、これまでアテンダントサービスは実施していない。今後、サービスを実施するときは来るのだろうか。

格差7

近鉄 南海 京阪 阪急 阪神の経営戦略を比較する

注目される「延伸計画」や「新路線」は？

関西に住んでいると、関東で進む新路線計画や新たな相互直通運転に驚かされるばかりだ。しかし、関西大手私鉄にも、注目に値《あたい》する延伸計画や新路線構想が存在する。

その最たる例が、2031年春開業予定の「なにわ筋線」だ。「なにわ筋線」はJR東海道支線（梅田貨物線）に新設する大阪駅と南海新今宮駅・JR難波駅を結び、ちょうど大阪市内を南北に結ぶ格好になる。同線には南海とJR西日本が乗り入れ、中之島《なかのしま》駅、西本町《にしほんまち》駅、南海新難波駅（以上3駅とも仮称）が新設される。

計画では、大阪〜西本町間が南海とJR西日本の共同営業区間となり、西本町〜新今宮が南海線、西本町〜JR難波間がJR西日本線だ。現在、開業に向けて工事が進められ、「なにわ筋線」が乗り入れる大阪駅は2023（令和5）年春に開業し、当面はJR西日本のみが使用する。

現在の南海は終着駅が難波駅のため、梅田を中心とする大阪「キタ」には無縁な会社だった。「なにわ筋線」が開業すると「キタ」エリアに進出することになり、南海が新たなステージに立つことは間違いない。

おそらく、大阪駅には空港特急「ラピート」が乗り入れることであろう。所要時間は、大阪～関西空港間が南海線経由で約40分になる予定だ。

「なにわ筋線」にともなって計画されているのが大阪～阪急十三《じゅうそう》間を結ぶ**阪急**「なにわ筋連絡線」だ。この路線は「なにわ筋線」との直通運転を想定し、南海・JR規格の1067ミリメートルとなる予定だ。そのため、既存の阪急路線との直通運転は考えず、十三駅は地下駅となる。

●なにわ筋線計画ルート●

ところで、阪急には50年以上前から十三～新大阪を結ぶ「新大阪連絡線」構想が存在する。実際、新大阪

駅周辺には阪急が保有する土地や橋脚《きょうきゃく》があり、大阪メトロ新大阪駅も阪急の乗り入れを想定した構造になっていた。しかし、計画自体は存在しつつも、今日まで開業の日を迎えていない。

このまま忘れ去られるのではと思いきや、先述した「なにわ筋連絡線」と「新大阪連絡線」を一体化したうえで開発する案が浮上した。しかし、「なにわ筋線」と異なり、具体的な進展は現段階では見られていない。

阪急の新路線構想はまだある。それが大阪国際空港（伊丹《いたみ》空港）へのアクセス路線「大阪空港線」だ。現在、大阪梅田から大阪空港へは宝塚本線で蛍池《ほたるがいけ》駅まで行き、同駅で大阪モノレールに乗り換える。「大阪空港線」のルートはまだ正式には決まっていないが、宝塚本線曽根《そね》駅から大阪空港へ3〜4キロメートル延伸することを想定している。

京阪には、中之島線の延伸構想がある。2008（平成20）年に開業した中之島線は、天満橋《てんまばし》〜中之島間を結ぶ全長約3キロの路線だ。京阪は2018（平成30）年に、中之島駅から九条駅・西九条駅までの延伸計画を発表した。

九条駅では、2025年に大阪・関西万博が開催される夢洲《ゆめしま》へ延伸する大阪メトロ中央線と阪神なんば線が、また、西九条駅ではJR大阪環状線、JRゆめ咲線（桜島線）、阪神なんば線が接続する。この計画の実現には、万博後の夢洲への統合型リゾート（IR）の誘致決定が前提条件となっている。

ただし、「なにわ筋線」以外の新線計画の先行きは不透明といわざるを得ない。どれもコロナ禍前の計画であり、コロナにより大きな影響を受けた現在では、なかなか前に進めることは難しいのではないだろうか。

個性豊かな「鉄道子会社」の実態は？

大手私鉄ともなると、子会社に鉄道会社があることは珍しくない。もちろん、関西大手私鉄も例外ではない。子会社も親会社並みに、いや、もしくはそれ以上に個性豊かなのだ。

京阪の鉄道子会社には京福電気鉄道、叡山《えいざん》電鉄、比叡山《ひえいざん》鉄道、そして中之島線建設のためにつくられた第三セクター中之島高速鉄道がある。

今日の京福は「嵐電《らんでん》」と呼ばれ、四条大宮〜嵐山間・帷子《かたびら》ノ《の》辻《つじ》〜北野白梅町《はくばいちょう》間を路面電車が元気よく走るイメージが強い。

だが、２００２（平成14）年までは福井県に越前本線・三国芦原《みくにあしはら》線・永平寺《えいへいじ》線の３

路線を保有していた。現在は永平寺線を除き、えちぜん鉄道が事業を受け継いでいる。また、叡山ケーブル（ケーブル八瀬《やせ》〜ケーブル比叡）、叡山ロープウェイ（ロープ比叡〜比叡山頂）も京福が運行する。

京阪鴨東《おうとう》線の終着駅である出《で》町《まち》柳《やなぎ》駅から地上に出ると、鞍馬《くらま》・八瀬へ向かう叡山電鉄の起点駅出町柳駅がある。今日では展望列車「きらら」を運行するなど、叡山電鉄の存在は京都府外でも知られるようになった。

しかし、叡山電鉄としての歴史は意外と浅く、設立されたのは1985（昭和60）年のこと。それまでは京福電気鉄道叡山本線・鞍馬線だった。現在は京阪の完全子会社となっている。

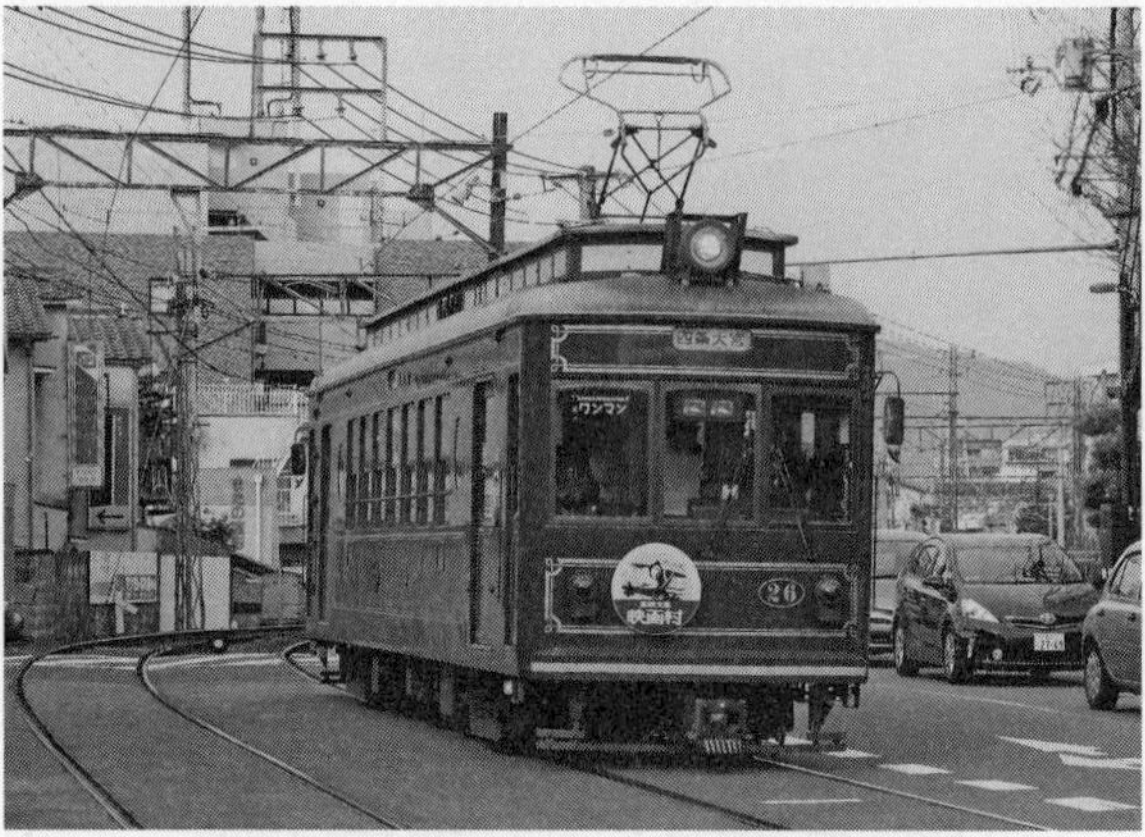

「嵐電」の名で親しまれている京福電気鉄道

南海の鉄道子会社は、泉北《せんぼく》高速鉄道と阪堺《はんかい》電気軌道である。泉北高速鉄道は中百《なかも》舌鳥《ず》～和泉《いずみ》中央間の鉄道路線を運行し、泉北ニュータウンの足として機能している。近年では有料特急「泉北ライナー」が登場し、存在感は増すばかりだ。

ところで、泉北高速鉄道は鉄道業のほかに物流業としての顔も持つ。東大阪・北大阪で物流事業を展開しており、2020（令和2）年には大阪府茨木《いばらき》市に新たなトラックターミナルもできた。

阪堺電気軌道は阪堺線（恵美須町《えびすちょう》～浜寺駅前）、上町《うえまち》線（天王寺駅前～住吉）を有し、大阪最後の路面電車としてがんばっている。設立年は1980（昭和55）年で、もともとは南海の一路線であった。

阪急阪神ホールディングスの都市交通事業にある鉄道会社は阪急、阪神のほかに能勢《のせ》電鉄、神戸高速鉄道、北大阪急行電鉄、西大阪高速鉄道がある。

このうち、神戸高速鉄道と西大阪高速鉄道は、鉄道関連施設の保有を担当する第三セクターである。能勢電鉄と北大阪急行電鉄は、正式には阪急阪神ホールディングスの連結子会社であり、歴史的に阪急の子会社でもある。

能勢電鉄は、阪急宝塚本線川西能勢口《かわにしのせぐち》駅から分岐《ぶんき》し、妙見口《みょうけんぐち》駅・日生《にっせい》中央駅を終着駅とする。車両は元阪急で占《し》めており、塗装は阪急と同じマルーン色であることから、宝塚本線の一支線の様相を呈する。朝夕のラッシュ時には大阪梅田直通の特急「日生エクスプレス」が運行され、阪急とは切っても切れない関係だ。

北大阪急行電鉄は江坂《えさか》〜千里《せんり》中央間を結び、江坂駅から大阪メトロ御堂筋《みどうすじ》線へと乗り入れる。能勢電鉄よりも阪急色は薄いが、同社保有の8000形・9000形の車内は阪急電車に酷似《こくじ》し、阪急との関係をうかがわせる。2023（令和5）年度末には千里中央から箕面萱野《みのおかやの》まで延び、ますますの発展が期待される。

近鉄の子会社は伊賀《いが》鉄道、養老鉄道、四日市あすなろう鉄道、奈良生駒《いこま》高速鉄道だ。このうち奈良生駒高速鉄道は、鉄道関連施設の保有を担当する第三セクターだ。

残りの伊賀鉄道、養老鉄道、四日市あすなろう鉄道は、近鉄の路線を受け継いだ鉄道会社。伊賀鉄道は近鉄伊賀線（伊賀神戸《かんべ》〜伊賀上野）を受け継いだ。沿線の上野市は忍者の里として知られることから、忍者のラッピング車両を見かける。

養老鉄道は近鉄養老線（桑名《くわな》〜大垣《おおがき》〜揖斐《いび》）を受け継ぎ、近鉄は岐阜県から撤退した。伊賀鉄道、養老鉄道共に当初は近鉄車で占めていたが、現在は元東急車が主力となっている。

四日市あすなろう鉄道は2015（平成27）年にスタートし、近鉄内部《うつべ》線・八王子線（あすなろう四日市〜内部、日永《ひなが》〜西日野）を受け継いだ。

この路線は、日本でも珍しい線路幅762ミリのナローゲージで運行されている。一般鉄道とくらべると輸送力がどうしても小さく赤字続きだったことから、近鉄はBRT（バス高速輸送システム）への転換を提案した。

しかし、地元の四日市市との公有民営方式により、鉄道存続が決まったのである。なお、同じくナローゲージで運行している**近鉄北勢《ほくせい》線**（西桑名～阿下喜《あげき》）は、地元鉄道会社の三岐《さんぎ》鉄道が路線を引き継いだ。

このように、ひと口に鉄道子会社といっても、歴史的経緯なども含め、千差万別だ。関西大手私鉄とセットにして、子会社にもぜひ訪れてみてほしい。

四日市あすなろう鉄道で使用されている260系電車

「テーマパーク」が頑張っている私鉄は？

ひと昔前まで、大手私鉄には何かしら直営の遊園地が存在したものだ。遊園地に遊びに行くために鉄道利用をうながす狙いがあったが、現在は大型テーマパークの登場により、数を減らしている。

それでも、関西大手私鉄には、まだまだがんばっているテーマパーク・遊園地が存在する。それが、近鉄「志摩スペイン村」と京阪「ひらかたパーク」である。

「志摩スペイン村」は三重県志摩市にあり、テーマパーク「パルケエスパーニャ」、ホテル志摩スペイン村、天然温泉「ひまわりの湯」で構成されている。最寄駅の鵜《う》方《がた》駅には特急が停車し、同駅からは連絡バスが運行する。現在の事業主体は、近鉄グループの近鉄レジャーサービスとなっている。

近鉄は、１９８７（昭和62）年に施行された総合保養地域整備法（リゾート法）にもとづいた「三重サンベルトゾーン」構想に従い、１９９４（平成６）年に志摩スペイン村を開業した。

リゾート法が成立した１９８０年代後半はバブル景気に沸《わ》き、同法は民間の力を活用し、リゾート開発を推《お》し進めたことから、テーマパーク建設が一気に加速した。しかし、1990年代前半にバブル崩壊が起き、その最中でのオープンとなった。

開業当初の1年間は、来園者見込数の年間目標300万人を大幅に上回り、東京ディズニーランドに次ぎ、2位となった。しかしその後は、1995（平成7）年に発生した阪神・淡路大震災の影響などもあって低迷。2000（平成12）年度には来園者数200万人を割った。

翌年の2001（平成13）年には、USJ（ユニバーサル・スタジオ・ジャパン）がオープン。差別化を図るために「志摩スペイン村」は〝和〟を取り込むことにし、同年に天然温泉「ひまわりの湯」がオープンした。

このように、ライバルの出現など環境の変化がありながらも、創意工夫しながら営業を続けてきた「志摩スペイン村」だったが、2020（令和2）年からのコロナ禍で大打撃を受ける。しかし、コロナ禍に訪れたVTuberやYouTuberによる斬《ざん》新《しん》な紹介により、再び注目が集まっている。コロナ禍後の「志摩スペイン村」の展開に期待せずにはいられない。

また、近鉄は志摩スペイン村以外にも生駒山上《いこまさんじょう》遊園地を運営。さらに、大阪市天《てん》保山《ぽうざん》にある水族館「海遊館《かいゆうかん》」も、2015（平成27）年から近鉄グループに入っている。

京阪が運営する「ひらかたパーク」の前身にあたる香里《こうり》遊園地は、1910（明治43）年の開業で、現存する遊園地のなかでは最古参になる。

開園から2年後に現在の枚方《ひらかた》公園駅周辺に移転した。一時期は休止するなど紆余《うよ》曲折《きょくせつ》があったが、1952（昭和27）年に所有権が再び京阪に戻り、名称も現在の「ひらかたパーク」になった。

その後、「ファミリープール」や「アイス・スケートリンク」をオープンさせるなど順調な発展をとげた。1996（平成8）年には、大規模なリフレッシュ工事を行なっている。

ところで、「ひらかたパーク」といえば「ひらかた大菊人形」を思い浮かべる方も多いだろう。「ひらかた大菊人形」の起源は、香里遊園地で催《もよお》された菊人形展だ。1912（大正元）年から菊人形展も枚方に移り、第二次世界大戦の2年間を除いて開催されてきた。

しかし、「ひらかた大菊人形」の制作に関わる人の高齢化や、後継者不足のために2005（平成17）年に終了した。毎年の開催はなくなったが、やはり懐かしむ声は多くあり、ひらかたパーク開園100周年にあたる2012（平成24）年に菊人形展が開催された。

関西大手私鉄を見渡すと、2020年に**南海**の「みさき公園」が閉園したことから、今後は関西大手私鉄発の新たな遊園地が出現することはないだろう。

各社の「ホテル事業」の新しい試みとは?

関西大手私鉄は一部を除き、ホテル事業も積極的に展開している。各社ホテルのユニークなサービスや新しい試みを知ると、関西での鉄道旅行が充実したものになるだろう。

近鉄のホテルといえば「都《みやこ》ホテル」を思い浮かべる方も多いだろう。近鉄・都ホテルズは「都ホテルズ＆リゾーツ」の名称で全国展開。2022（令和4）年3月には、宿泊特化型ホテル「フォーズホテル近鉄 大阪難波」をオープンさせた。

このホテルの事業主は近鉄不動産、運営は近鉄・都ホテルズが担《にな》う。ロビーには自動チェックイン機を導入し、スタッフとは非対面でのチェックイン・チェックアウトが可能になっている。

また、全客室にスマートスピーカーを設置し、観光案内や各種問い合わせに対応する。一部客室ではスマートスピーカーを介して、音声で客室内の機器を操作できる。このように機能的なホテルだが、最上階15階には大浴場を設《もう》けた点も見逃せないポイントだ。

阪急阪神ホールディングスは、最近までホテルをコア事業の1つととらえ、阪急阪神ホテルズが中核を成してきた。阪神阪急ホテルズの最近の話題といえば、宝塚ホテルのリニューアルオープンだ。

宝塚ホテルは、1926（大正15）年創業の宝塚大劇場の公式ホテルだ。旧ホテルは2020（令和2）年3月に営業を終了し、新ホテルが同年6月にオープンした。宝塚大劇場の西隣《にしどなり》に位置し、まさしく宝塚大劇場と一体になった感がある。外観は旧ホテルの様式を随所《ずいしょ》に継承し、宝塚大劇場との一体感を意識する。ロビーは大理石を使用し、天井のシャンデリアとも相まって、クラシックホテルの雰囲気を十二分に楽しめる。客室も旧ホテルの伝統を継承し、エレガントな雰囲気に。また、全客室で宝塚歌劇の動画プログラムが無料で視聴できる。

京阪は、おもにホテル京阪と京阪ホテルズ&リゾーツがホテルを運営している。2019（令和元）年には、JR京都駅の烏丸《からすま》口東側にフラッグシップホテル「THE THOUSAND KYOTO」がオープンした。ホテルと京阪七条駅のあいだには、京阪バス「ステーションループバス」が運行している。

鉄道ファンが見逃せない企画として、トレインルーム企画がある。これは京都タワーホテルの1室が鉄道グッズなどで埋め尽くされるものだ。

2022年2月からは、2021（令和3）年に引退した5000系を基にした「京阪電車トレインルーム5555号」を販売している。ベッド横には実際の機器を利用したオリジナル運転台が置かれ、ラッシュ用扉が再現されている。

さて、各社のホテルを見てきたが、例外といえるのが**南海**である。南海系列のホテルは、紀伊勝浦《きいかつうら》にある「碧《あお》き島の宿・熊野別邸・中の島」くらいだ。難波駅周辺にある「スイスホテル南海大阪」は賃貸物件である。

以上のとおり紹介してきたが、このほかにもユニークなサービスはたくさんある。さまざまな電鉄系ホテルに宿泊し、各社のカラーを体感するのも面白いだろう。

関西私鉄と「プロ野球」の今昔とは？

関西大手私鉄で野球球団といえば、やはり**阪神タイガース**が筆頭《ひっとう》だろう。現存するプロ野球12球団のうち、巨人に次ぎ2番目に古い歴史を持つ。

阪神タイガースは伝統球団ではあるが、2リーグ制以降のリーグ優勝は5回、日本一は１９８５（昭和60）年の1回のみ。１９８０年代後半から２０００年代初頭には「暗黒時代」を経験した。

これほど〝負《ふ》のデータ〟が存在しながらも、人気は抜群だ。２０２２（令和4）年のセ・リーグとパ・リーグの公式戦入場者数を見ていくと、阪神は約２６０万人の入場者数を誇り、1位である。

そんな阪神タイガースを語るなら、ホームスタジアムの阪神甲子園球場を忘れてはいけない。甲子園球場は１９２４（大正13）年に日本初の本格的野球場として誕生した。両翼95メートル、中堅１１８メートル、左右中間１１８メートルは現在も最大級であり、緑の天然芝が美しい。

また、阪神タイガースの親会社である阪神電気鉄道が、甲子園球場のオーナーであることも大きい。プロ野球球団のなかでグループ会社も含めて自前で球場を持っている球団は、阪神、オリックス、ソフトバンク、西武、中日の5球団にとどまる。現在、関西大手私鉄のなかでプロ野球球団を所有しているのは阪神のみだが、かつては阪急、近鉄、南海も球団を持っていた。また、阪神はセ・リーグに属しているが、他の3球団はパ・リーグに所属していた。

そのなかで最強といえるのが、**阪急ブレーブス**である。阪急は1936（昭和11）年に「大阪阪急野球協会（阪急軍）」を結成。翌年、西宮北口駅の近くに阪急西宮球場がオープンした。先述した甲子園球場に負けず劣《おと》らず、収容人数5万7000人という大型球場であった。

阪急は1988（昭和63）年にオリエント・リース（現・オリックス）に譲渡するまでの52年間に、リーグ優勝10回、日本一3回に輝いた。1975（昭和50）年～77（昭和52）年には、3年連続日本一を達成している。

球団売却後も、西宮球場は多目的スタジアムとして存続したが、2002（平成14）年に閉鎖され、跡地には商業施設「阪急西宮ガーデンズ」が建つ。

緑色のユニフォームに身をまとった**南海ホークス**は、1938（昭和13）年に登場。最初の球団名は「南海軍」であった。ところが、発足当初は本格的なホームスタジアムがなく、甲子園球場を借りていた。1950（昭和25）年、難波駅の近くにホームスタジアム大阪球場（大阪スタヂアム）が完成した。

南海は1951（昭和26）年～53（昭和28）年、1964（昭和39）年～66（昭和41）年にそれぞれリーグ3連覇を達成したが、1973（昭和48）年を最後に優勝から遠ざかり、長らくBクラス（4位以下）に甘んじた。

球団創設50周年にあたる1988年に難波再開発にともない、球団をダイエーに売却した。その後、2005（平成17）年に親会社がソフトバンクに替わったが「ホークス」名は受け継がれている。大阪球場の跡地には商業施設「なんばパークス」が建ち、施設内に「南海ホークスメモリアルギャラリー」が設けられた。

近鉄は関西大手私鉄4球団のなかではもっとも後発で、1949（昭和24）年に「近鉄パールス」として登場した。しかし当初は低迷が続き、年間103敗したシーズンもあった。

1962（昭和37）年に**近鉄バファローズ**に改称。その後、4度のリーグ優勝を果たしたが、最後まで日本一を達成することはなかった。1999（平成11）年に大阪近鉄バファローズに改称し、2001（平成13）年に最後のリーグ優勝を果たした。しかし、3年後に球団が消滅し、オリックスに吸収合併された。

ホームスタジアムは長らく南大阪線沿線の藤井寺球場と大阪市森ノ宮の日本生命球場（日生球場）であった。

このように、阪神以外は球団が消滅してかなりの年数が経過したが、いまは幸いなことにYouTubeで、かつての雄姿を見ることができる。

＊本書の情報は2022年10月現在のものです

◉左記の書籍・文献・ウェブページなどを参考にさせていただきました――

『関西人はなぜ阪急を別格だと思うのか』『「技あり！」の京阪電車』伊原薫／『こんなに面白い！近鉄電車100年』寺本光照（以上、交通新聞社）、『地図と鉄道省文書で読む 私鉄の歩み 関西Ⅰ阪神・阪急・京阪』『地図と鉄道省文書で読む 私鉄の歩み 関西Ⅱ近鉄・南海』今尾恵介（以上、白水社）、『南海電鉄のひみつ』（PHP研究所）、『私鉄の車両 南海電気鉄道』『私鉄の車両 阪神電気鉄道』『私鉄の車両 京阪電気鉄道』（以上、保育社）、『私鉄の車両 阪急電鉄』（ネコ・パブリッシング）、『鉄道まるわかり007 京阪電鉄のすべて』『鉄道まるわかり003 阪急電鉄のすべて』『鉄道まるわかり015 南海電気鉄道のすべて』『鉄道まるわかり014 近畿日本鉄道のすべて』（以上、『旅と鉄道』編集部）、『難読・誤読駅名の事典』浅井建爾（東京堂出版）、『阪急電車』山口益生（JTBパブリッシング）、『鉄道ジャーナル』各号（鉄道ジャーナル社）、『鉄道ピクトリアル』各号（電気車研究会）、東洋経済オンライン、マイナビニュース、乗りものニュース、各鉄道会社ホームページなど

KAWADE
夢文庫

関西の私鉄格差

二〇二二年一二月三〇日　初版発行
二〇二三年　一　月二〇日　２刷発行

著　者…………新田浩之
企画・編集……夢の設計社
東京都新宿区山吹町二六一〒162-0801
☎〇三―三二六七―七八五一（編集）

発行者…………小野寺優
発行所…………河出書房新社
東京都渋谷区千駄ヶ谷二―三二―二〒151-0051
☎〇三―三四〇四―一二〇一（営業）
https://www.kawade.co.jp/

装　幀…………こやまたかこ
印刷・製本……中央精版印刷株式会社
ＤＴＰ…………アルファヴィル

Printed in Japan ISBN978-4-309-48596-6